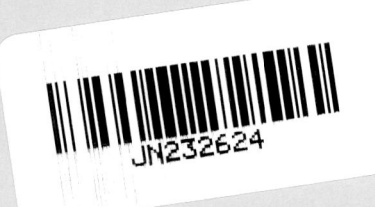

5分の準備で クイック 算数遊び&パズル

解いてスッキリ よくわかるベスト42

岩村繁夫
篠田幹男 編著

いかだ社

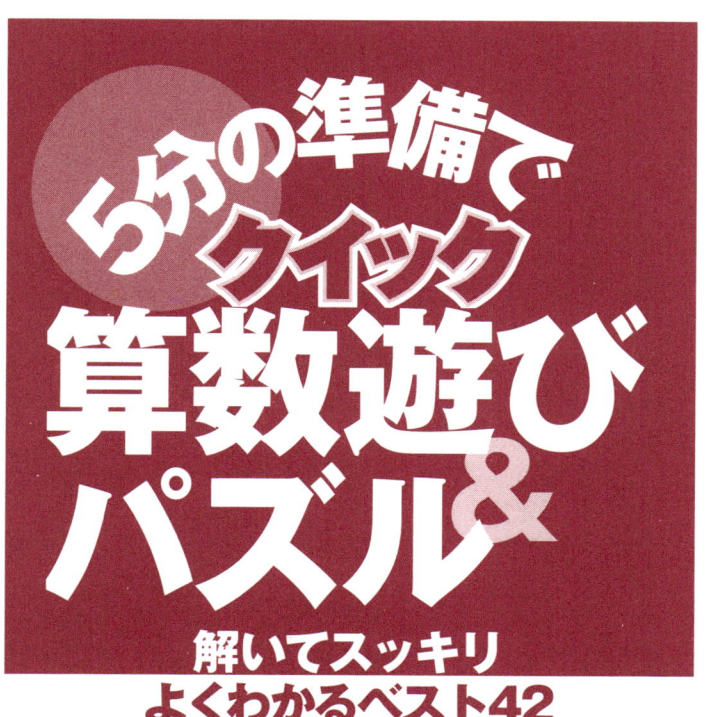

はじめに

子どもの好奇心を引き出す＜算数遊び＞のすすめ

まずは、この本の「150マス計算のすすめ」（18ページ）をのんびりやってみてください。子どもたちはもちろんのこと、多くの大人の人も、
「えー！ どうして！」
「うそー！ 不思議！」
という声をあげ、驚かれると思います。そして、その仕組みに興味・関心をもち、どうしてそうなるのか調べたくなることでしょう。

子どもたちから数学を学ぶ意欲を引き出す材料は、数学の世界にたくさん隠されています。私たち現場の教師には、「算数なんてつまらない。数学なんて大嫌い」と思っている子どもたちに、「もっとおもしろい数学の世界があるんだよ」と知らせてあげる役割があるのではないでしょうか——たとえ学習指導要領に載っていなかったとしても（指導要録の評価項目には「関心・意欲・態度」という項目がありますが、これはむしろ教える側の課題でしょう）。

「数学の問題をやっているとイライラする」——日本の子どもたちの半数近くがこう感じている、という調査結果（経済協力開発機構＝OECD）が出て、学力低下問題が一段と注目されるようになりました。そして昨今、ゆとり教育が批判され、土曜日や夏休みに授業をする学校が増えています。

しかし私は、教育にはゆとりこそが大切なのだと思います。教える側も教えられる側も、ゆとりがなくなれば与えられたレールの上を走ることしかできなくなるからです。とりわけ小学生の子どもたちにとって、＜遊び＞を通して自分の関心と出会うことは、成長する上で不可欠だと感じています。

では、ゆとりを持ちながら学力をあげることは可能でしょうか。私は、きちっと選んだ内容を系統的に教え、習熟度別学級ではなく少人数学級にするなどの条件を整えること──そして何より、子どもたちが本来持っている好奇心を引き出すことができれば、十分可能であると考えています。本書の＜算数遊び＞は、その点でもきっと役立つと思います。

私たち数学教育協議会のメンバーは、1970年代から「楽しい数学」を目ざし、様々なゲームや教具を開発してきました。本書に紹介した＜算数遊び＞の中にも、先輩方や仲間が作りだし共有してきたものを参考に、発展させたものがたくさんあります。本書が算数の授業を楽しくすることに役立ち、子どもたちが算数を好きになってくれるならば、これほどうれしいことはありません。

2005年３月

岩村繁夫・篠田幹男

目次

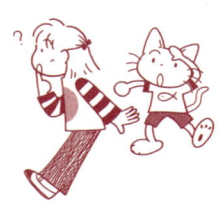

ラッキーナンバーはこれだ

【用意するもの】チョーク、黒板

ねらい 見えない数をぴたりとあてます。『3ケタ−3ケタのひき算』が楽しく練習できます。

遊び方

①好きな3ケタの数を、一人ひとりノートに書いてみましょう。
②その数の一の位と百の位の数字を取り替えて、新しい3ケタの数をつくります。
③2つの3ケタの数の､大きい方から小さい方をひきます。そのときの百の位の数字がラッキーナンバーです。
④先生は、誰かを指して一の位の数字を言ってもらい、即座にラッキーナンバーを当てます。
⑤次に③でできた3ケタの数の百の位と一の位を取り替えて、今度はその2つをたし算します。
⑥子どもたちが計算するのを待って、先生は答えを当てます（答えは必ず1089になります）。

Point ●「3ケタ−3ケタ」は2年生で学ぶので、「くり下がりのあるひき算」の練習になります（2年生には「ラッキーナンバー」という言葉は難しいかも）。
●倍数を利用した遊びなので、6年生であつかうのも良いと思います。

1

あなたのラッキーナンバーは1ですね！
(一の位が8なら9からひいて……)
!?
さんすう
なんでわかるの！？

2

684
……3ケタの好きな数をノートに書いたら、

−486

これがラッキーナンバー！ → 198
……一の位と百の位の数字を取り替えた3ケタの数をつくり、大きい方から小さい方をひく。

+891

1089
……もう一度一の位と百の位の数字を取り替えて足し算すると、必ず1089になる。

タネ明かし

答えは必ず9の倍数になります。9の倍数は、各ケタの数字の和が9の倍数になります。十の位はいつも9ですから、百の位と一の位の和が9か18になります。9か18から一の位の数をひけば百の位が分かるわけです。

ぐるぐる算数手品

【用意するもの】Ａ３の紙を横長に半分に切り、マーカーで太く＜142857＞と書いたものをグループの数だけ用意し、黒板に貼っておきます。

ねらい

小道具を使った数字マジック。子どもたちは不思議に思いながら、『６ケタ×１ケタのかけ算』の練習に取り組みます。

遊び方

①グループで相談して、２・３・４・５・６のうち好きな数字を選びましょう。

②一人ひとり、＜142857×選んだ数＞の計算をします。

③グループごとに答え合わせをします（先生には答えが聞こえないように）。

④先生は、黒板に貼った紙を輪にして、ホッチキスでとめます。

⑤グループごとに選んだ数を聞き……先生は輪をぐるぐる回した後、気合いを入れて、１カ所を切ります。すると、その紙にかけ算の答えが出てきます。

Point ●１÷７を計算してみましょう。なぜそうなるのかが分かります。ここではかけ算の不思議さに興味を持たせることが大切です。計算練習を目的とするならば中学年、循環小数のおもしろさを伝えたいならば６年生であつかうのがよいでしょう。

●142857という数字には、左右３ケタずつに分けてたし算すると999になるというおもしろい性質もあります。

1 2～6の中で好きな数字を決めたら、142857にその数字をかける。

2 班ごとに選んだ数字を教えてもらう。

3

4

タネ明かし

選んだ数字に7をかけます。例えば4なら、4×7＝28。この一の位の8が、答えの一の位になるように、8と5の間を切ります。すると、答え＝571428になります。

電卓占い

ねらい

【用意するもの】電卓

電卓の表示画面の右端にちょこんとついている小数点。これが、計算によって左の方に動きます。このことを使って子どもたちの大好きな占いをします。６年生の『約数・倍数』の授業でも使えます。
電卓を使わなければ『６ケタ÷２ケタのわり算』の計算練習にもなります。

遊び方

①わり算をして、答えの小数点の位置で占いをします。表示画面に、一人ひとり好きな６ケタの数を表示してみましょう。
②まず初めに「÷」「7」「＝」のキーを押してみます。同様に「÷」「11」「＝」、「÷」「13」「＝」を押してみます。
③動いた小数点の位置で、明日の運勢を占います。

・一番右端……超ラッキー
・右から２番目……大吉
・右から３番目……中吉
・右から４番目……吉
・右から５番目……凶
・右から６番目……大凶

④今度は、＜286286＞のように、３ケタを繰り返して６ケタの数を表示してみましょう。先ほどと同じように、7、11、13でわってみます。

Point ●３ケタを繰り返してつくった６ケタの数は、７・１１・１３の公倍数になります。だから必ずわりきれて、小数点は右端に来ます。全員が超ラッキーになるのです。

1 まず、あなたの明日の運勢を占いましょう。

109087.71

7) 763614

左に行けば
行くほど運の
悪い人です

2 もう一度好きな６ケタの数字を表示して。
今度は来年の運勢を占いましょう。

22361.182

11) 245973

左に
行っちゃうよー
あららら‥

3 今度はあなたの一生の
運勢を占いましょう。

43999.461

13) 571993

ダメだ〜〜
ここまでは
練習だから
安心して

3

さて本番。
3ケタを繰り返した数字で、
明日の運勢を占いましょう
超ラッキーだ！
ほっとした〜
ヤッタ！
みんな、幸せに
なれそうだね

あなたがラッキーマン

【用意するもの】10枚のカード（※なくてもよい）

ねらい 『ひき算』の計算を短い時間で楽しく練習する遊びです。

遊び方

①各自３つの数を選び、その数で最大値と最小値をつくってひき算します。

②求めた差の数で最大値と最小値をつくり、ひき算します。この操作をくり返すと、495で集結するのです。

③はじめに選んだ数が、何回の操作で495に集結したかを楽しみます。

Point
●一番多くくり返し計算した人が「ラッキーマン」となります。
●計算になれてきたら、４ケタの数で「運勢」を占ってみましょう。

2005の場合‥

5200
－0025
5175

↓

7551
－1557
5994

↓

9954
－4599
5355

↓

5553
－3555
1998

↓

9981
－1899
8082

↓

8820
－0288
8532

↓

8532
－2358
6174

↓

7641
－1467
6174

9の倍数の謎

【用意するもの】10cm四方に切り取った工作用紙

ねらい

9の倍数を利用した数あてゲームで、倍数を長方形のイメージでとらえるのに適した遊びです。
操作活動を通して倍数の理解を深めます。

遊び方

①全員を相手にやることもできます。
「みんな、思いついた3ケタの数をノートに書いてみて」
②「3ケタの数のそれぞれの位の数を、たし算しましょう」
③「はじめの3ケタの数から、たし算した答えをひきます」
④「ひき算した答えの2つの位を言ってください。残りの位の数を先生がずばり当てます」と言って、全員の答えをテンポよく応えます。
⑤「同じやり方で、友だちの問題をあててみましょう」
⑥「どうして先生が当てられたのかを、工作用紙を使って考えましょう」

Point ●工作用紙を切って、長方形に並び替える操作をする中で、倍数のイメージをもつことができます。

タネ明かし

・例：234

200＋30＋4に分けられる

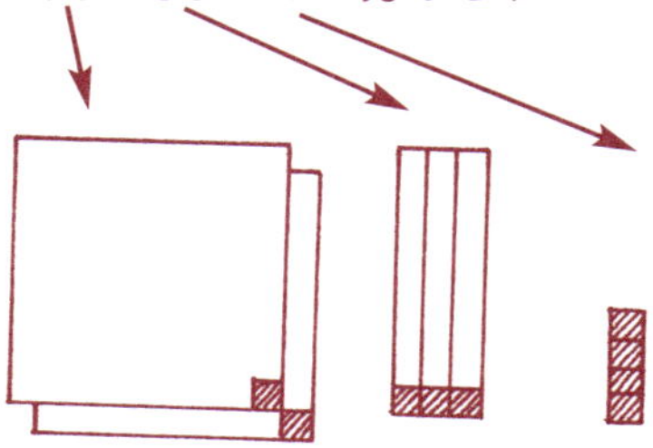

200－2＝198　30－3＝27　4－4＝0

残りは99が２枚と９が３本で、
一の位は必ずなくなる

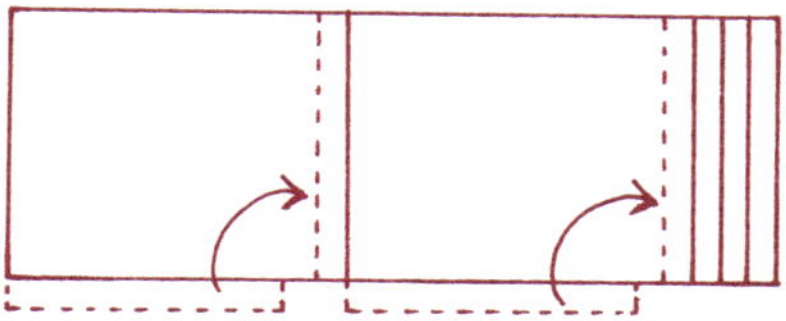

9×11　9×11　9×3

各位の数をたしてひき算した答えは、
必ず９の倍数の倍数になる

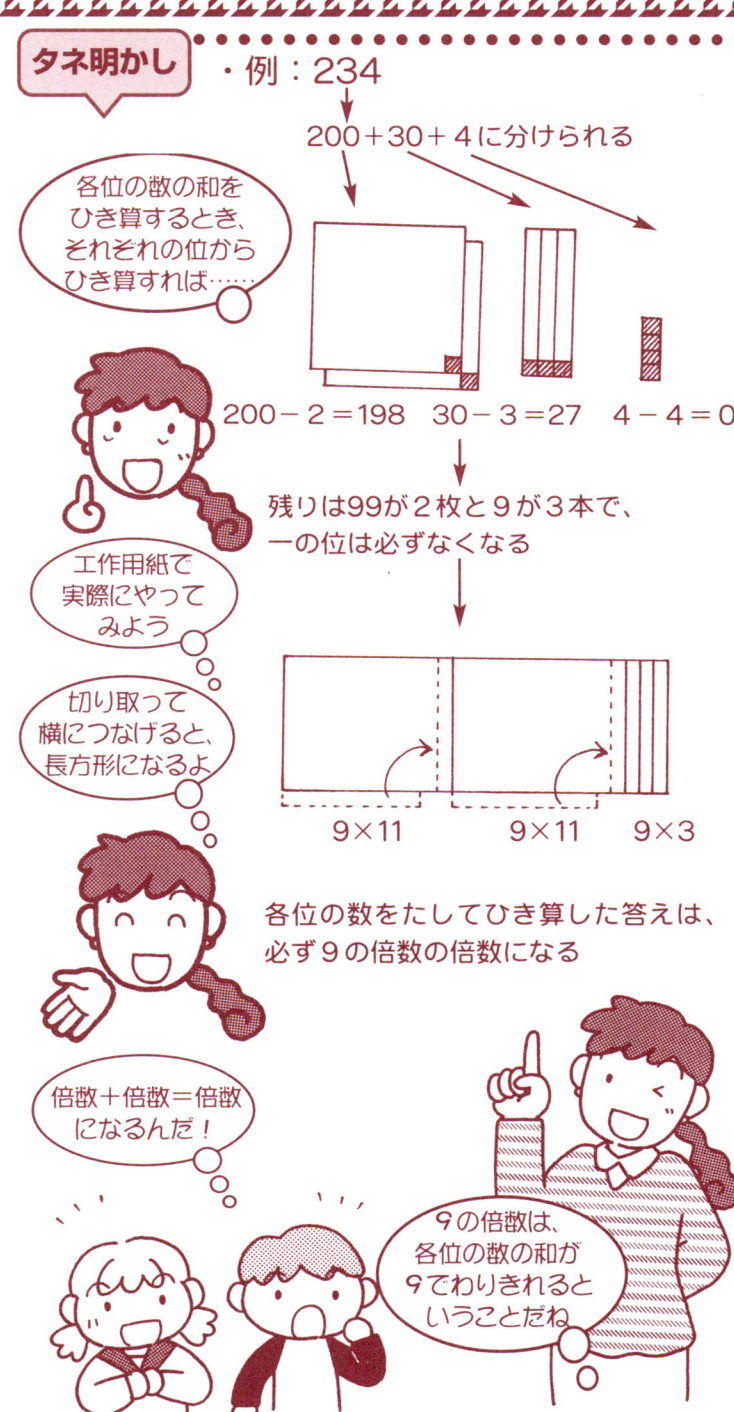

勝負だ電卓！速算の秘密

【用意するもの】電卓（※なくてもよい）

ねらい

問題のきまりを見つけて、電卓より速く計算できる方法を考え、その秘密をタイル図で解き明かします。学級のみんなで発見したきまりを喜び合い、学び合うことの楽しさを知る機会となります。

遊び方

①「２ケタ×２ケタ」の計算問題を板書します。

②全員が計算し終えたら答え合わせをして、積だけを黒板に書きます。

③問題と答えを見て、気がついたことを発表し合います。

- 「問題」のきまり→ア：十の位が同じ数である、
  イ：一の位は「和が10になる数」である
- 「答え」のきまり→ウ：一の位はそのままかけ算し、
  十の位は１をたしてかけ算すると「答え」になる

④きまりを発見できたら、お隣同士で類題を出し合い、電卓と競争します。

⑤「どうして？」のつぶやきを拾い、タイル図と計算方法を対応させて考えてみます。

Point
●クラス全員の力できまりを発見できるよう、十分に時間をかけて自由に相談してもらいましょう。
●タイル図は定規を使用し、正確に描くようにします。

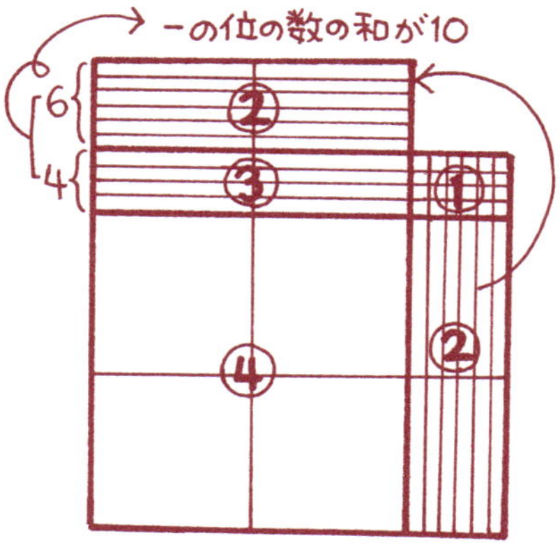


```
     2 3
  ×  2 7
  ------
   1 6 1
   4 6
  ------
   6 2 1
```

2×2 ④, 2×7 ②, 3×2 ③, 3×7 ①

150マス計算のススメ

ねらい

【用意するもの】150マス計算用紙（人数分）

たし算・ひき算の計算練習が驚きをもってできる不思議な計算練習用紙。作問も答え合わせもひとりでできます。楽しく練習することで、計算に自信が持てるようになるでしょう。

遊び方

①①のマスに0～9までの数を順番に10個書きます。

②②のマスには自分の好きな１ケタの数を１つ決めて、10個書きます（同じ１ケタの数が10個並びます）。

③マスをたてに見て、①＋②の計算を③の列に書きます（繰り上がりがあっても、マスには１の位の数だけ書くように）。

④同じように⑰の列まで、上の２マスの計算を繰り返します。

⑤⑦と⑫の列はチェックポイント。数は２つだけになります（３つ以上の数になってしまった場合は見直しをしましょう）。

⑥⑰の列は同じ数が10個並ぶはずです。

Point

●制限時間はもうけないで、不思議さを感じさせましょう。

●ひき算も同じ方法でできます。繰り下がりがあるときは、10をたしてからひき算します。

●計算に慣れてきたら、①の列にランダムに数を入れたり、①の列を同じ数にして②の列に0から9までの数を入れるなど変化を持たせることもできます（①と②を入れ替えると⑯の列で数が揃います）。

【②が6の時】

①	0	1	2	3	4	5	6	7	8	9
②	6	6	6	6	6	6	6	6	6	6
③	6	7	8	9	0	1	2	3	4	5
④	2	3	4	5	6	7	8	9	0	1
⑤	8	0	2	4	6	8	0	2	4	6
⑥	0	3	6	9	2	5	8	1	4	7
⑦	8	3	8	3	8	3	8	3	8	3
⑧	8	6	4	2	0	8	6	4	2	0
⑨	6	9	2	5	8	1	4	7	0	3
⑩	4	5	6	7	8	9	0	1	2	3
⑪	0	4	8	2	6	0	4	8	2	6
⑫	4	9	4	9	4	9	4	9	4	9
⑬	4	3	2	1	0	9	8	7	6	5
⑭	8	2	6	0	4	8	2	6	0	4
⑮	2	5	8	1	4	7	0	3	6	9
⑯	0	7	4	1	8	5	2	9	6	3
⑰	2	2	2	2	2	2	2	2	2	2

【150マス計算　17番目の数?!　計算用紙】

①											←0～9までの数字を1つずつ書こう
②											←同じ数を10個書こう
③											←①+②（1の位だけ書きます）
④											←②+③
⑤											←③+④
⑥											←④+⑤
⑦											←⑤+⑥（2つの数だけになったかな?）
⑧											←⑥+⑦
⑨											←⑦+⑧
⑩											←⑧+⑨
⑪											←⑨+⑩
⑫											←⑩+⑪（2つの数だけになったかな?）
⑬											←⑪+⑫
⑭											←⑫+⑬
⑮											←⑬+⑭
⑯											←⑭+⑮
⑰											←⑮+⑯（みんな同じ数になったかな?）

☆どうしてかな?!　②の数字を
いろいろ変えて調べてみよう。
☆どんな決まりがあるのだろうか?

150マス計算の計算例【②が6の時】

①	0	1	2	3	4	5	6	7	8	9
②	6	6	6	6	6	6	6	6	6	6
③	6	7	8	9	10	11	12	13	14	15
④	12	13	14	15	16	17	18	19	20	21
⑤	18	20	22	24	26	28	30	32	34	36
⑥	30	33	36	39	42	45	48	51	54	57
⑦	48	53	58	63	68	73	78	83	88	93
⑧	78	86	94	102	110	118	126	134	142	150
⑨	126	139	152	165	178	191	204	217	230	243
⑩	204	225	246	267	288	309	330	351	372	393
⑪	330	364	398	432	466	500	534	568	602	636
⑫	534	589	644	699	754	809	864	919	974	1029
⑬	864	953	1042	1131	1220	1309	1398	1487	1576	1665
⑭	1398	1542	1686	1830	1974	2118	2262	2406	2550	2694
⑮	2262	2495	2728	2961	3194	3427	3660	3893	4126	4359
⑯	3660	4037	4414	4791	5168	5545	5922	6299	6676	7053
⑰	5922	6532	7142	7752	8362	8972	9582	10192	10802	11412

タネ明かし

①	a
②	b
③	a＋b
④	a＋2b
⑤	2a＋3b
⑥	3a＋5b
⑦	5a＋8b
⑧	8a＋13b
⑨	13a＋21b
⑩	21a＋34b
⑪	34a＋55b
⑫	55a＋89b
⑬	89a＋144b
⑭	144a＋233b
⑮	233a＋377b
⑯	377a＋610b
⑰	610a＋987b

⑦と⑫の計算は aが偶数の場合は 1の位が0となり、奇数の場合は1の位が5となります
⑯はbの1の位は 0となり、7×a となります
⑰はaの1の位は 0となり、7×b となります。Bは同じ数ですね

巨大な魔方陣

【用意するもの】工作用紙（一人につき半分）、縦横17マス以上ある方眼黒板

ねらい

３×３マスの魔方陣で、まずは魔方陣に興味を持つところから始めます。そして、９×９マスの大きな魔方陣づくりに挑戦します。

【３×３マス魔方陣】

2	7	6
9	5	1
4	3	8

【５×５マス魔方陣】

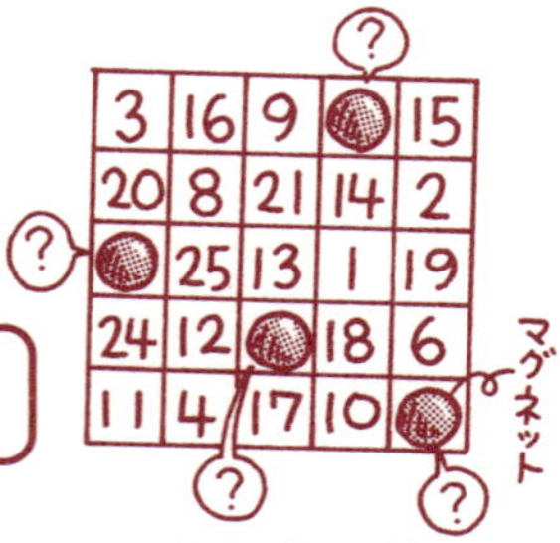
3 16 9 15
20 8 21 14 2
25 13 1 19
24 12 18 6
11 4 17 10
?
?
?
?
マグネット

遊び方

①３×３マスの魔方陣を黒板にかいて、魔方陣の説明をします。「魔方陣というものがあります。魔法のような正方形のマスです。どこが魔法のようかというと、縦の３つ、横の３つ、斜めの２つのどれも、たし算をすると答えが同じになるのです。計算して確かめてみましょう」

②５×５マスの魔方陣を方眼黒板にかいておき、ところどころにマグネットで数をかくしておきます。

③かくれている数を求めてもらいます。「これはもっと大きな５×５マスの魔方陣です。かくれている数はいくつでしょう」

④９×９マスの魔方陣を見せてつくり方を教えます。

⑤工作用紙を使って、全員に９×９マスの魔方陣をつくってもらいます。「では、もっともっと大きな、９×９マスの魔方陣をみんなでつくってみましょう」

Point ●興味を示し、『９×９よりも大きな魔方陣を作りたい』という子がいたら、大いにほめてあげ、模造紙を使わせてあげましょう。

【9×9マスの魔方陣の作り方】

工作用紙の真ん中に、9×9マスの正方形を描く。
その外側に、図のような山型のマスをつくる。

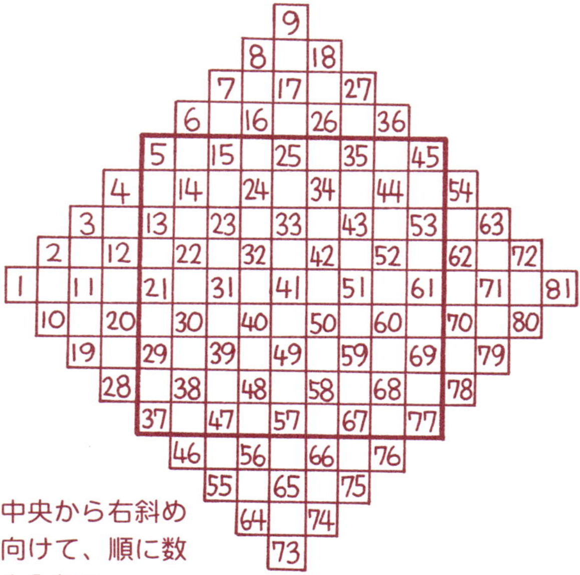

左の中央から右斜め上に向けて、順に数を書き入れる。

山型の部分の数を右は左へ、左は右へ、上は下へ、下は上へ平行移動して、空欄をうめるとできあがり。

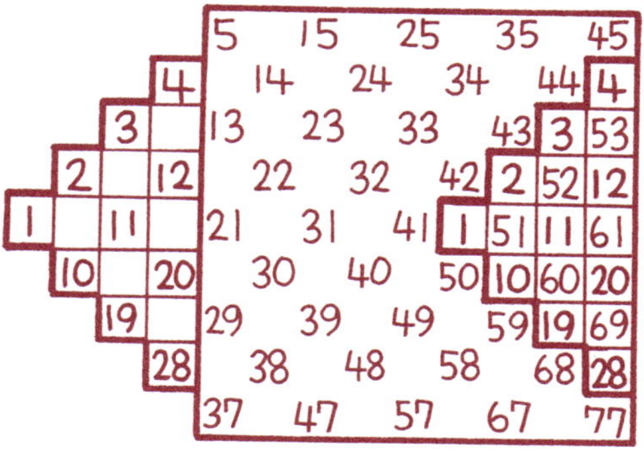

誕生日をピタリと当てたい

【用意するもの】計算用紙（ノートやメモ帳）

ねらい

算数の勉強が少々イヤになってきたころに最適。計算で誕生日が当たってしまうおもしろさを伝えます。

遊び方

①誕生日の月日を使って計算します。「これから、あなたの誕生日をピタリと当てます。先生のいう通りに計算してください」
②計算の結果から、誕生日を当てます。

Point

●応用で「電話番号当て」もできます。
① 市外局番（３ケタ）×250＋好きな数
② ①の結果×80＋局番
③ 80×好きな数を計算する
④ ②−③＋局番
⑤ ④÷２
⑥ これで、左から３ケタが市外局番、右４ケタが局番になります。

タネ明かし

誕生月をa、日にちをbとすると、

$$\{10(2a+5)-30\}\times 5+b=100(a-1)+b$$

となります。だから、計算して出てきた数から100をひいて、上２ケタが誕生月、下２ケタが日にちになります。

1 月に2をかけて、5をたして、また10をかけてください。

2 その数から30をひいて、5をかけて、それに、誕生日の日にちをたしてください。

数字の整列

【用意するもの】計算用紙（ノートやメモ帳）

ねらい

『大きな数のかけ算』のまとめに使える遊びです。文科省の学習指導要領では『3ケタ×1ケタ』『2ケタ×2ケタ』までの計算ができればよいことになっています。しかし、授業ではもっと大きな数の計算もあつかって、「どんな大きな数のかけ算だってできる！」という自信を子どもたちに持たせてあげましょう。もちろんドリルのように何題もやらせて算数嫌いにしてしまっては本末転倒。そこで、答えがおもしろいようにきれいに並ぶ計算をやってみましょう。

遊び方

①先生が黒板に計算問題を書きます。班ごとに別々の問題を出します。

②例えば6班まで分かれていたら……

「6班の人は、123456×9＋7を計算してね」

「5班の人、12345×9＋6はいくつになるかな」

以下、同様に指示します。

「……1班の人は、1×9＋2を計算してみよう」

③班ごとに答えを聞いていきます。

④最後にみんなに質問。12345678×9＋9＝？

Point ●答えは後でいっしょに言ってもらうので、それまでは声に出さないようにしましょう。

【その他の「並び計算」】

● 1 × 8 + 1 ＝ 9　　12 × 8 + 2 ＝98
123 × 8 + 3 ＝987　　1234 × 8 + 4 ＝9876
12345 × 8 + 5 ＝98765
123456 × 8 + 6 ＝987654

● 9×9+7＝88　　98×9+6＝888
987×9+5＝8888　　9876×9+4＝88888
98765×9+3＝888888
987654×9+2＝8888888

● 1×1＝1　　11×11＝121
111×111＝12321　　1111×1111＝1234321
11111×11111＝123454321
111111×111111＝12345654321

10個のたし算

【用意するもの】計算用紙(ノートやメモ帳)

ねらい

大きな数のたし算の練習に適しています。どんな大きな数でも、電卓よりも速く10個の数の和を求めることができます。子どもたちを驚かして、数学のおもしろさを感じさせることがもう一つのねらいです。

遊び方

①計算用紙に好きな数字を2つ書きます。初めの数をア、次の数をイとし、縦書きの筆算で和を求め、それをウとします。イとウの和をエとします。次はウとエの和を求め、それをオとします。

②こうしてアからコまでの10個の数を求め、10個の数の和を計算します。

③先生は、並んだ10個の数の最後のコから、ケ、ク、キの順に子どもから数を聞きます。最後まで聞かなくても、途中まで聞けば10個の数の和を当てることができます。

Point

●この遊びも前述の150マス計算も、フィナボッチ数列と呼ばれる数列の性質を利用したものです。

㋐　㋑
3+8=11……㋒
8+11=19……㋓
11+19=30……㋔
19+30=49……㋕
30+49=79……㋖

キを11倍すれば
合計と同じに
なるよ

49+79=128……㋗
79+128=207……㋘
128+207=335……㋙

合計(㋐+㋑+㋒……+㋙)=869

タネ明かし

アをa、イをbとすると、10個の数の合計は、（５a＋８b）×11となります。キが（５a＋８b）なので、キを11倍すれば合計が求まります。

あなたのトランプはこれだ

【用意するもの】トランプ一組

ねらい

52枚のカードから１枚抜いてもらいます。そのカードを、いくつかの計算をした後に当てる遊びです。手品のように楽しめます。

遊び方

①トランプのマークを好きな順に言ってもらい、好きな順に番号をつけます。52枚のカードから１枚を抜いてもらい、次の順に計算してもらいます。
❶抜いたカードの数に20をたす
❷さらにもう一度、カードの数をたす
❸その数を５倍する
❹マークの番号をたす
❺「ラッキー７」の７をたす

②結果の数から107をひくと、一の位がマーク、十の位と百の位がカードの数になります。

Point ●マークにつける番号は好きな番号でなく、サイコロをふって、その目で、例えば『ハートは６』のように決めてもできます。あるいは、同じマークの１～９のカードから抜いてもらって、『ハートの代表をこの４にします』のようにしてもいいかもしれません。

トランプの
マークを好きな
順に言ってみて
ハートが
一番かな
その順に番号を
つけておく
① ② ③ ④
では、52枚の
カードから１枚
抜いてください
えーと…
{(4+20+4)×5}+1+7
=148−107=41
カードの数
マーク
ふふっふ…
いくつに
なった？
スゴイ！
148…
えっ!?

数をつくろう

【用意するもの】計算用紙（ノートやメモ帳）

ねらい

３年生でわり算を学習することで、四則の全部を知ります。数をつくるために四則を使いこなし、計算に慣れた４年生以上の子に考える楽しさを味わってもらいます。

遊び方

①３を４回使って、１～10までの数をつくる遊びです。
「３÷３×３÷３＝１ですね。このように３を４回使って２～10までの数をつくってみましょう」

②４を４回、７を４回使ってもできます。
「今度は４を４回使って１～10までの数をつくってみましょう」
「７を４回使ってやってみて」

Point ●小数点も使ってよいことにすれば、11＝３÷３＋３÷0.3＝４÷４＋４÷0.4＝７÷７＋７÷0.7、続けて12＝３＋３＋３＋３＝（４＋44）÷４＝（77＋７）÷７　などもできます。

3を4回　　4を4回　　7を4回

$$1 = 33 \div 33 = 44 \div 44 = 7 \times 7 \div 7 \div 7$$

$$2 = 3 \div 3 + 3 \div 3 = 4 - (4 + 4) \div 4 = 7 \div 7 + 7 \div 7$$

$$3 = (3 + 3 + 3) \div 3 = (4 + 4 + 4) \div 4 = (7 + 7 + 7) \div 7$$

$$4 = (3 \times 3 + 3) \div 3 = 4 + (4 - 4) \times 4 = 77 \div 7 - 7$$

$$5 = (3 + 3) \div 3 + 3 = (4 \times 4 + 4) \div 4 = 7 - (7 + 7) \div 7$$

$$6 = 3 + 3 + 3 - 3 = 4 + (4 + 4) \div 4 = (7 \times 7 - 7) \div 7$$

$$7 = 3 \div 3 + 3 + 3 = 44 \div 4 - 4 = 7 \times (7 - 7) + 7$$

$$8 = 3 \times 3 - 3 \div 3 = 4 + 4 + 4 - 4 = (7 \times 7 + 7) \div 7$$

$$9 = 3 \times 3 + 3 - 3 = 4 \div 4 + 4 + 4 = (7 + 7) \div 7 + 7$$

$$10 = 3 \times 3 + 3 \div 3 = (44 - 4) \div 4 = (77 - 7) \div 7$$

5とか8とか…
どれが難しかった？
ほかの数字ではできないのかな

ミニミニタングラム

【用意するもの】折り紙、はさみ、のり

ねらい

折り紙を３枚の直角二等辺三角形に切り離し、並び替えて形遊びを楽しみます。『面積』の学習の導入として、『等積変形』を楽しみ『面積の加法性』を知ります。

遊び方

①折り紙を３枚の直角二等辺三角形に切り離します。
②順番に出題します。
「３枚の折り紙を並び替えて長方形にしましょう」
「大きな三角形にしましょう」
「平行四辺形にしましょう」
「台形にしましょう」

Point

●低学年生には一つひとつ出題し、形を板書します（形ができたら画用紙に糊付けすると、後でお絵描き遊びができます）。
●３枚の三角形で自由に形をつくって、発表会をするのも楽しいですね。
●高学年生には「直角二等辺三角形」「等脚台形」などと名称を教えるのもよいです。

平行四辺形と
等脚台形ではどちら
が広いでしょう?
うん
そんなの
同じだよ。同じ折り紙
でつくったんだから

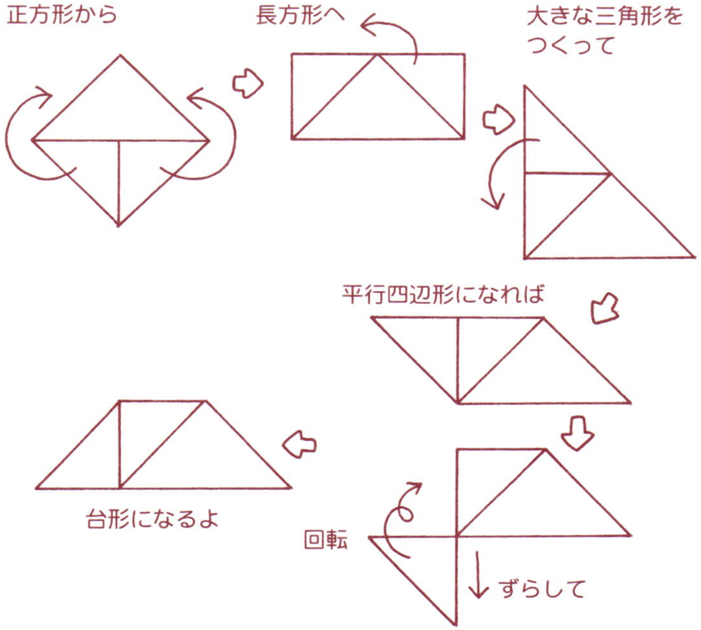
正方形から
長方形へ
大きな三角形を
つくって
平行四辺形になれば
ずらして
回転
台形になるよ

マッチ棒クイズ

【用意するもの】割り箸にマグネットシートを付けて黒板に付くようにしたもの（15本）、マッチ棒かようじ（一人につき15本ずつ）

ねらい

授業の合間の息抜きに使える遊びです。頭を柔らかくして考えてもらいます。

マグネットシートを細く
切ってつける
「白」！
「旦」！

遊び方

①まずは漢字クイズから。マッチ棒を５本使って「日」の字をつくります。そこに１本足して漢字をいくつつくれるかやってみます（正解は田、目、旦、旧、白）。

②次に図形クイズをやってみます。

ほら、8つに
なったよ
二重に見えるよ
ずるーい！

Point

●『数学パズル事典』（上野富美夫著・東京堂出版）には楽しいマッチ棒パズルがたくさん掲載されています。

【図形クイズ】

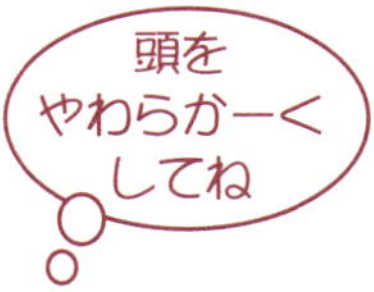
頭を
やわらかーく
してね

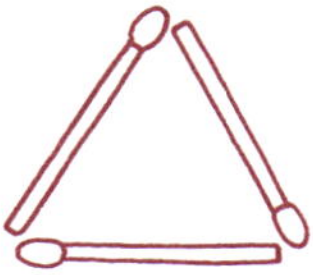

問1 マッチ棒を３本使って、
正三角形を６つにします。

問2 マッチ棒を３本使って、
正三角形を４つにします。

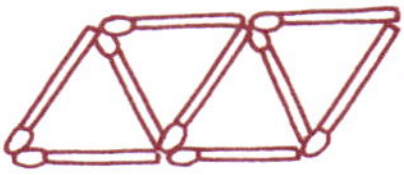

問3 マッチ棒を２本動かして、
正三角形を５つにします。

問4 マッチ棒を２本くわえて、
正三角形を３つにします。

問5 マッチ棒を１本使って、
正三角形を８つにします。

問6 マッチ棒を３本動かして、
正三角形をゼロにします。

【正解】

問1

問2

正四面体

問3

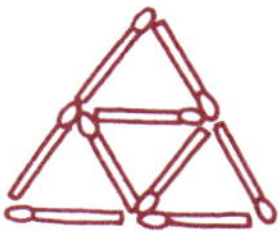

問4

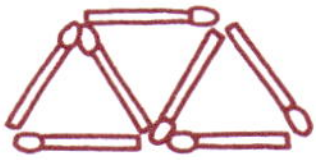

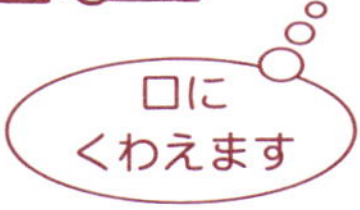
口に
くわえます

問5 片方の目のまぶたをマッチ棒でそっと押す（二重に見えます。ケガをしないよう気を付けて）。

問6

一刀切りの達人

【用意するもの】折り紙、はさみ、三角定規、分度器

ねらい 折り紙を折って、一刀のもとに切り取ります。切り取り方を変えてできる形を楽しみ、『多角形の角度』の学習へつなげます。

遊び方
①それぞれの手順で折り紙を折ります。
②切り取って折り紙を開く前にどんな形になるか予想してノートに描きましょう。
③切り方を変えるとどんな形になるか、考えてみましょう。

Point
●「もっとやりたい」という子は、正十六角形や正十二角形にとりくんでみましょう。
●「お楽しみ会」の飾り付けなどで星形を利用すると、折り方が定着します。
●切り取った折り紙はノートに貼り、多角形の角度を実測してから、「内角の和」の求め方を考えます。

＜正八角形の内角の和＞
・三角形の内角の和は180°
・三角形が８つあるから180°×８＝1440°
・中心角の和の360°を引くと……1080° だ！

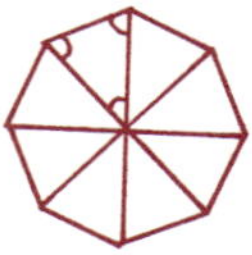

＜正六角形の内角の和＞
・三角形が６つあるから180°×６＝1080°
・中心角の和の360°を引くと……720°だ！

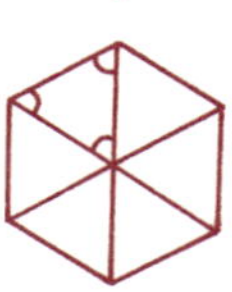

1 正八角形

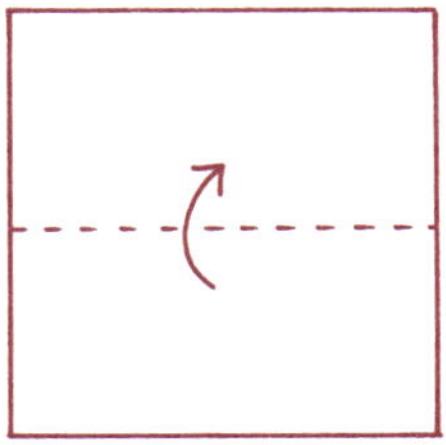

①半分に折ると
「長方形」

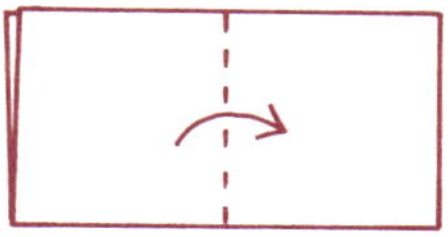

②また半分に
折ると「正方形」

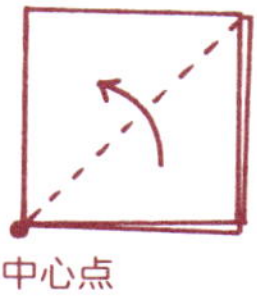

③中心点に
三角定規を
あてて半分に
折ると「直角
二等辺三角形」

④二等辺三角形
になるように
切り取る

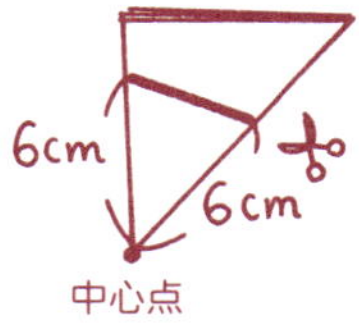

⑤直角三角形になる
ように切ると？

⑥鋭角三角形になる
ように切ると？

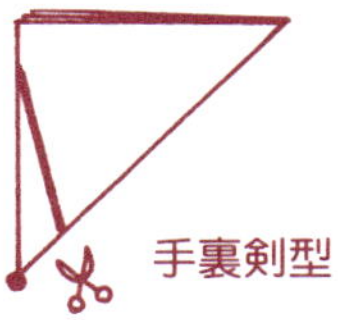

② 正六角形

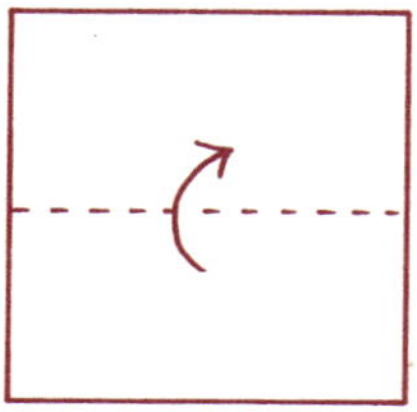

①半分に折ると
「長方形」

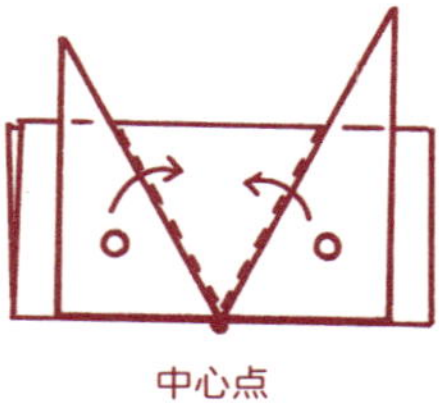
中心点

②中心点に三角定規を
あて三等分に折る

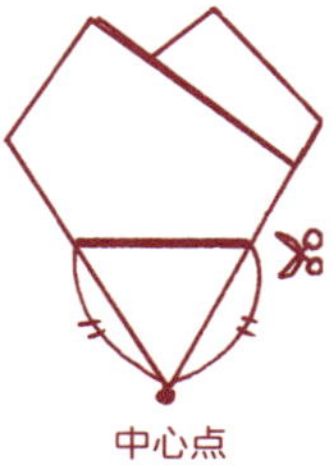
中心点

③二等辺三角形
になるように
切り取る

切り取り方を
変えてみよう

④直角三角形になる
ように切ると？

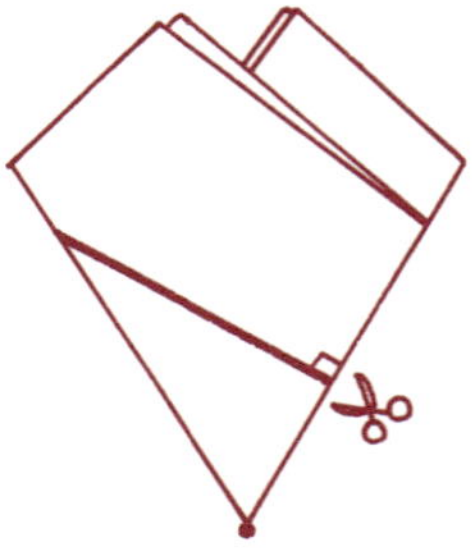

正三角形

⑤鋭角三角形になる
ように切ると？

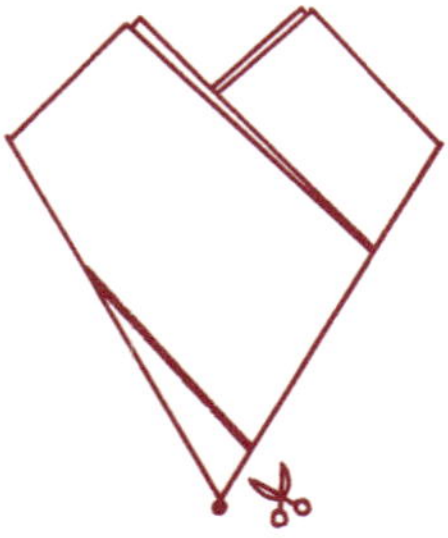

プロペラ型

3 星形

①半分に折ると
「直角二等辺三角形」

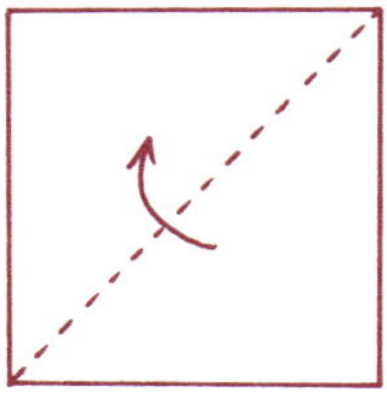

②また半分に折って
戻し、中心点を
見つける

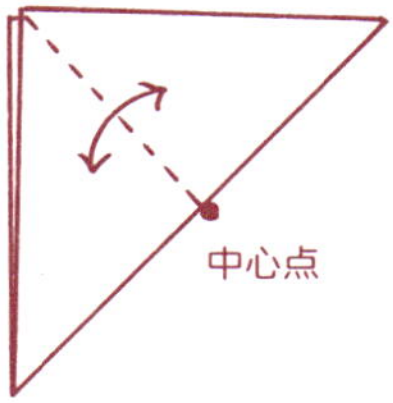

③中心点で折って
戻し、交点を
つくる

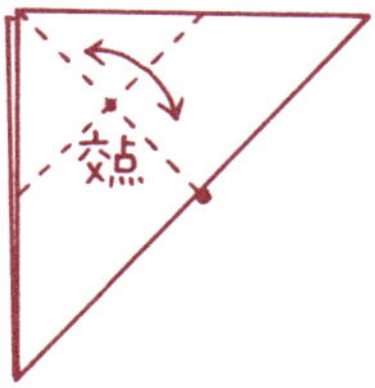

④交点で折ると
「台形」

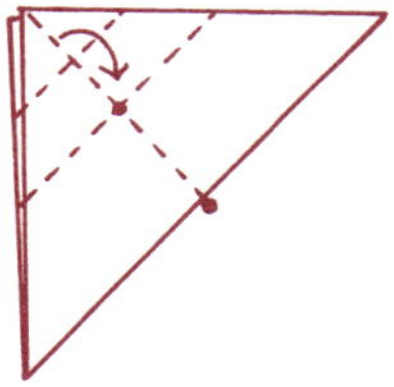

⑤中心点より台形の
頂点へ向かって両側を
折る

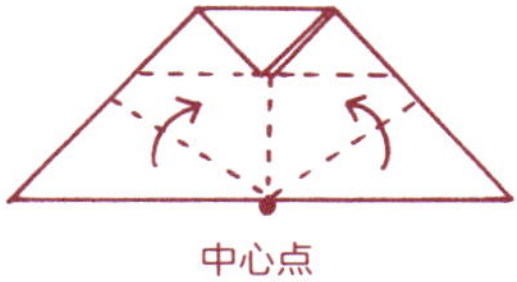

⑥台形の底辺部分
を山折り

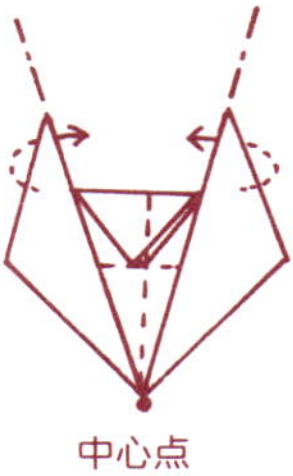

⑦交点で折った
小さな直角二等辺
三角形を戻す

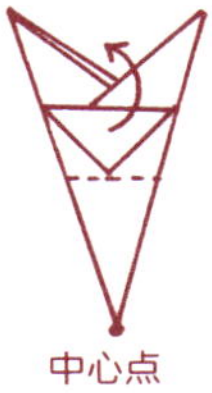

⑧うらがえす

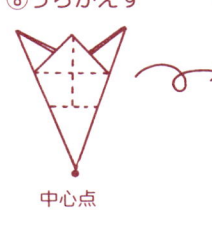

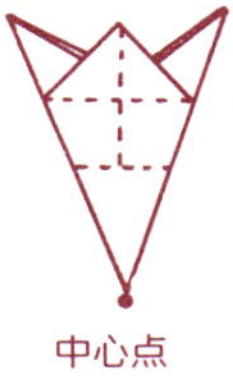

⑨任意の点から54°の
線を引き、切り取る

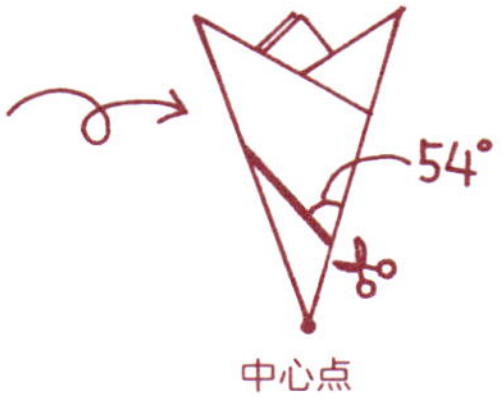

⑩

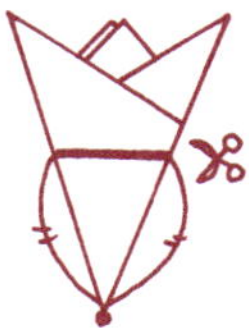

⑪

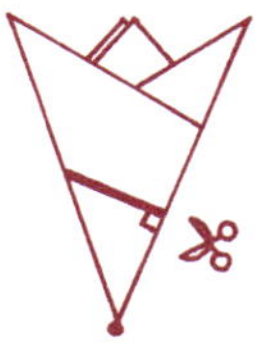

一刀切り「水に浮かぶ花びら」

【用意するもの】水を張った水槽かバケツ、新聞紙、はさみ

ねらい 一刀切りでいくつかの正多角形ができたことを応用して、水の上で「花びら」が開くことを楽しみます。

すごい！
次は五角形でやってみよう！

遊び方

①新聞紙１ページ分を４等分して、正方形の用紙を何枚かつくります（正確でなくても大丈夫）。

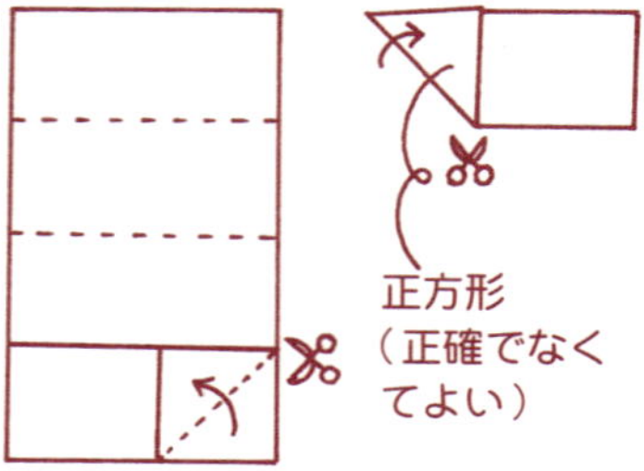
正方形
（正確でなくてよい）

②正多角形をつくった折り方で、図のように切ります。
③「花びら」の部分を順序よく折りたたみます。
④水そうにそっと浮かべて、開き方を楽しみます。
⑤いろいろな折り方、切り方で「花びら」の開き方を楽しんでみましょう。

Point ●ゆっくり時間をとって楽しめば、折り方も一層定着し、切り方にも工夫が見られるようになります。
●正十六角形や正十二角形も試してみて。

はさみで切り取って

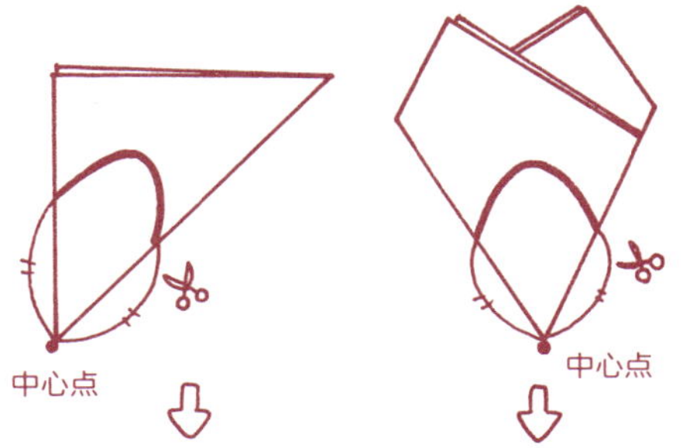

順序よく折りたたみ（重なっても可）

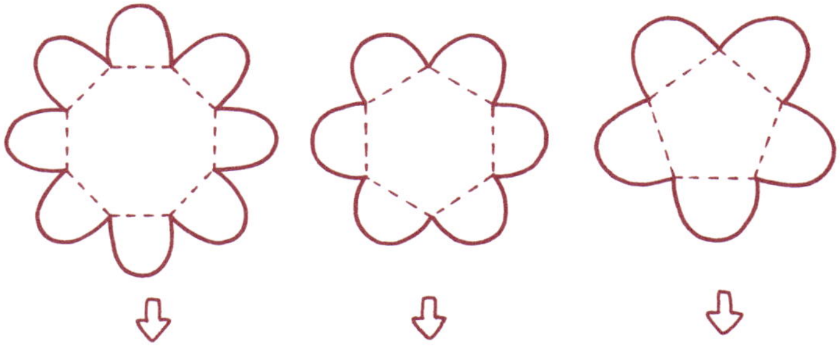

正多角形になったら、水槽に浮かべてみよう

切り方を
いろいろ工夫
してみよう

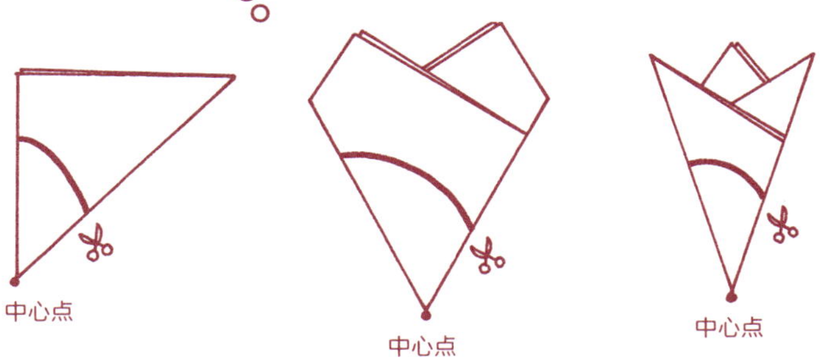

直線で曲線

ねらい

【用意するもの】定規、方眼紙

直線を少しずつずらしながらひくと曲線に見えてくる──そのおもしろさを味わってもらいます。正n角形のnが大きくなればなるほど、円に見えてきます。ここでは、「もっと大きくなって、無限になったら……」とどんどん想像をふくらませます。

遊び方

①方眼紙に0～10の目盛りのついた縦軸・横軸を書きます。軸に縦の10と横の1、9と2……1と10を定規で結びます。［右図❶］

②方眼紙に45°に開いた2直線をひき、目盛りをつけます。10と1、9と2……1と10を結びます。［右図❷］

③円周に、15°おきに点を打ち、1から23まで目盛りをつけます。0と8、1と9、……16と0、続いて17と1……23と7のように8つおきに結びます。［右図❸］

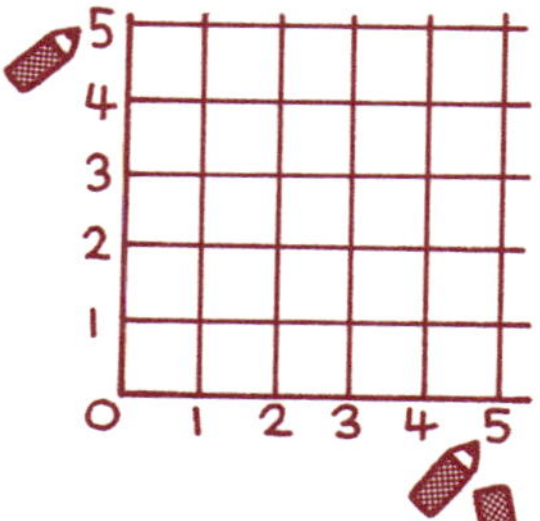

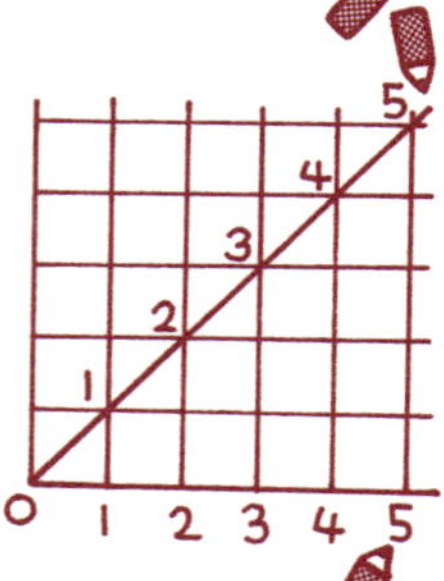

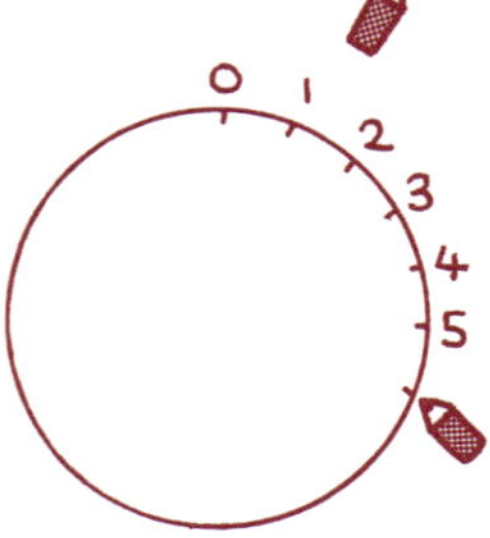

Point ●小学校で初めて曲線が登場するのは4年生の「円と球」です。この遊びは3年生以下でも楽しめますが4年生以上が適当でしょう。

1

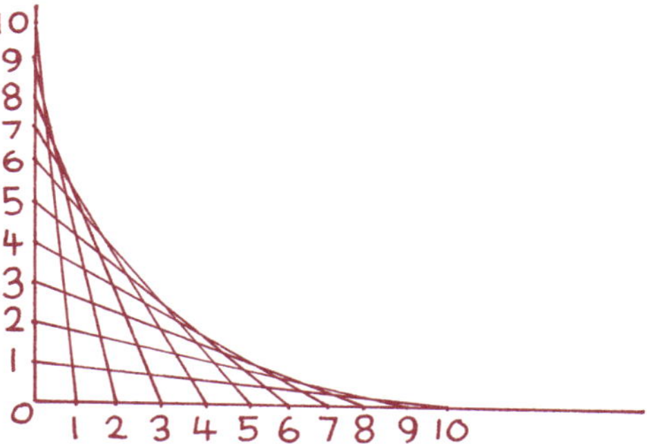
0 1 2 3 4 5 6 7 8 9 10
1 2 3 4 5 6 7 8 9 10

2

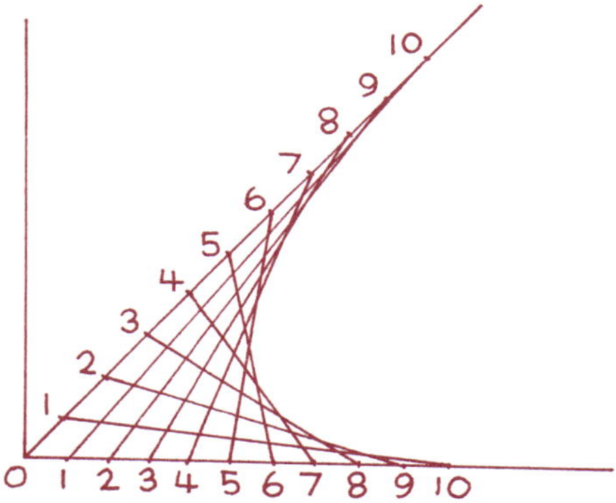
0 1 2 3 4 5 6 7 8 9 10
1 2 3 4 5 6 7 8 9 10

3

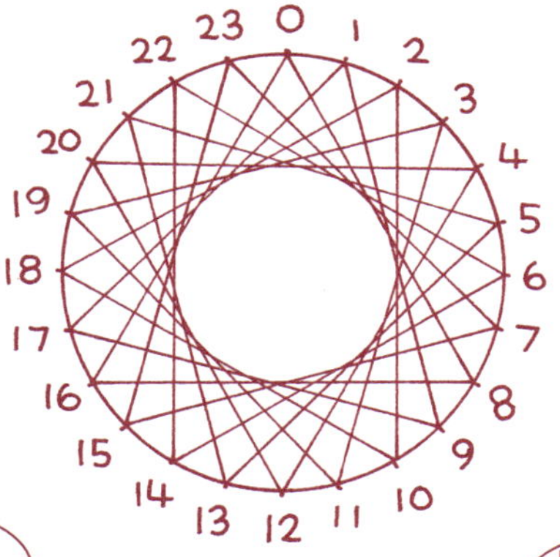
0 1 2 3 4 5 6 7 8 9 10 11 12 13 14 15 16 17 18 19 20 21 22 23

曲線が見えた！
円が出てきたよ！

世界に一つだけのパズル

【用意するもの】10cm四方に切り取った工作用紙、はさみ、鉛筆

ねらい

『面積』の学習のあとにあつかいます。このパズルで遊ぶことによって、『面積の保存性』（重ねなければ、切ってもくっつけても面積は変わらないという性質）に対する理解が深まります。

次ボクにやらせて！
しんごくんの難しいー！
世界にたった一つしかない、自分だけのパズルをつくろう

遊び方

①10cm×10cmの方眼には１ cm^2 のますが100個あります。これを20 cm^2 ずつ５つに分けてパズルをつくります。

②最初に鉛筆で分ける線をかいて、はさみで切り分けます。

③友だちのパズルと混ざらないように、自分のものには裏に名前を書いておきます。

④友だちと取り替えて、元の正方形に組み立てましょう。

まず鉛筆で線を書きます

面白い形にしてね
裏に名前を書こう
けいこ

はさみで切ります。

できあがり!

Point
●いっぱい取り替えて、たくさんのパズルを完成しましょう。
●時間があれば、工作用紙でパズルの外枠をつくるとあつかいやすくなります。

対称の絵を描こう

【用意するもの】片面カーボン紙、
白地の薄い紙

ねらい

「線対称・点対称」は、以前は６年生の学習内容でした。現在は小学校では学習しませんが、カーボン紙を使って線対称の絵を描かせると誰もが喜びます。絵を描いて遊んでいるうちに、対称の軸や対応する点などについても自然に理解できるようになります。

裏に
写るんだ！
初めて
見るよ
カーボン紙
っていうんだよ

遊び方

①白地の薄い紙を２つに折り、その間にカーボン紙をやはり２つに折ってはさみます。

②紙の表側に、少し強めに絵を描きます。すると裏側に、「線対称」の絵が現れます。

③最初は簡単な文字や記号でやってみて、要領が分かったら新しい紙を使って自分の好きな絵を描いてみましょう。

Point ●４つ折りにすると「点対称」の絵も描けます。

1

カーボン紙の黒い面を外側にして二つ折り

二つ折りした白い紙の間にはさむ

2

まきこ

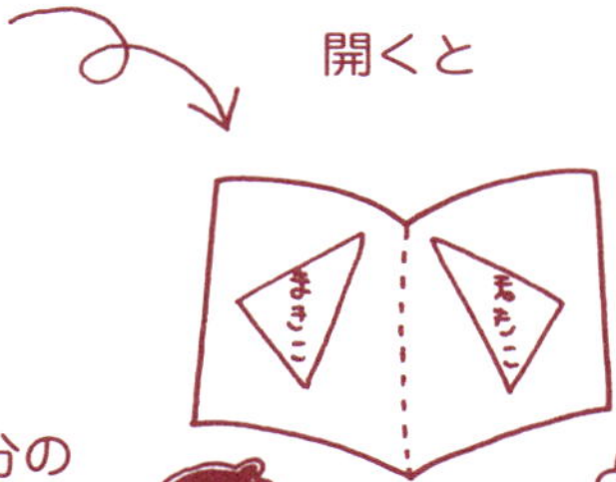
開くと
まきこ

外側に、三角形と自分の名前を描いてみよう

鏡で映したみたい！
今度は好きな絵を描いてみよう

3

4つ折りにすると点対称の絵も描けるよ

対角線の不思議

【用意するもの】画用紙

ねらい

多角形に対角線を引くと、内側に小さな多角形ができることから、もようづくりを楽しみます。

遊び方

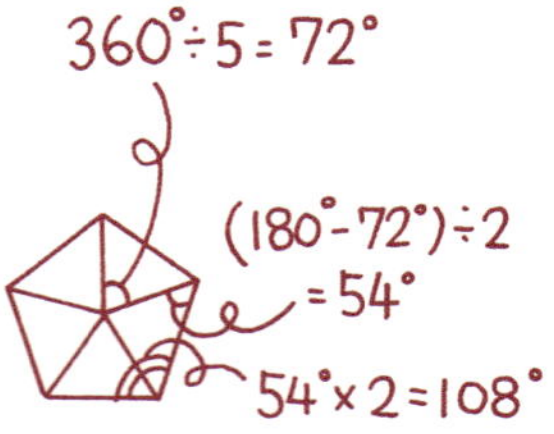

360°÷5=72°
(180°−72°)÷2
=54°
54°×2=108°

①内角を利用して、大きめな正五角形を描きます。
②各頂点から対角線を引きます。
③内側にできた正五角形で、さらに、対角線を引きます（対角線は外側の五角形まで延長する）。
④③の作業をくり返します。

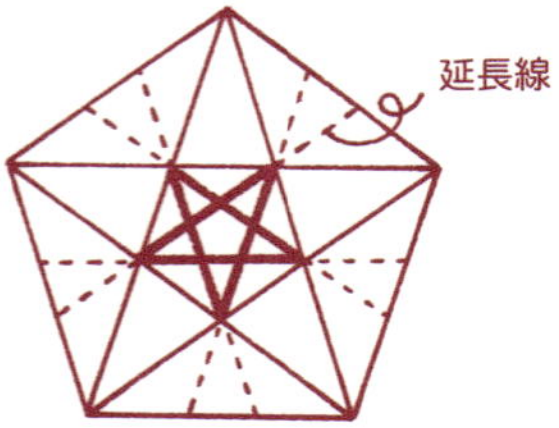

延長線

Point

●家庭学習として、六角形や七角形などでも試してみるとよいでしょう。
●線引きの技能も大切です。

わっ
きれい！
どうやって
書いたの？
対角線で
いくつも同じ形が
できるんだ！

暗号文を読解せよ

【用意するもの】「暗号文読解表」（掲示用の五十音表を利用してもよい）、「暗号文カード」（ノートでもよい）

ねらい

「暗号文読解表」の座標をつかって、お手紙交換を楽しみます。遊びを通して二次元の位置の表し方を身につけます。

ここは
スパイ養成所だ。
特訓中は暗号で
会話するのだ
しゃべっちゃ
ダメだってば
りょうかい!

遊び方

①「暗号文読解表」の読み方を教え、1、2の例を示します。

②暗号文でお友だちとお手紙交換を楽しみましょう。

Point ●「今日のこの教室は情報部員養成所だ。特殊任務につくために猛特訓を行う。特訓中は一言もおしゃべりをしてはならぬ」など、いつもと違う雰囲気づくりをしてからはじめるとよいですね。

暗号文の
読み方を練習して
みましょう
(5,4)
(2,5)
(3,3)
(6,5)
5の4が『ね』、
2の5が『こ』
3の3、
16の5
だから……

暗号文 読解表

5	お	こ	そ	と	の	ほ	も	よ	ろ	ご	ぞ	ど	ぼ	ぽ	を	?
4	え	け	せ	て	ね	へ	め	ん	れ	げ	ぜ	で	べ	ぺ	ょ	、
3	う	く	す	つ	ぬ	ふ	む	ゆ	る	ぐ	ず	づ	ぶ	ぷ	ゅ	。
2	い	き	し	ち	に	ひ	み	わ	り	ぎ	じ	ぢ	び	ぴ	ゃ	「
1	あ	か	さ	た	な	は	ま	や	ら	が	ざ	だ	ば	ぱ	っ	」
	1	2	3	4	5	6	7	8	9	10	11	12	13	14	15	16

暗号文カード　　　　さんへ

名前（　　　　）

暗号文	読み方
（2，2）	
（15，4）	
（1，3）	
（1，1）	
（3，5）	
（13，4）	
（9，3）	
（16，5）	
（　，　）	
（　，　）	
（　，　）	
（　，　）	

小数かさ当てゲーム

【用意するもの】リットルマス、デシリットルマス、ロート、スポイト、水筒やペットボトル（各自持参）

ねらい

自分で決めた水の量をペットボトルに測りとり、友だちにその量を当てさせます。解答するときにもう一度測ることによって、はしたの量をより強く意識するようになります。

何リットル入っているでしょうか？
うふふ
えーと

遊び方

①グループは４人を基本として、出題し合います。
②持参したペットボトル（各種でよい）に、自分で決めた水の量を測りとります。このとき、先生には報告しておきます。
③「ペットボトルには何リットル入っているでしょうか？小数で応えてください」と、グループの友だちに出題します。
④解答者の予想を、記録用紙に記入します。
⑤出題者は、計量し正解を発表します。
⑥「ピッタリ＝10点」「0.1リットル前後のちがい＝８点」などと点数を決め採点します。

Point
●センチリットルマスがあれば、デシリットルを基準にするとよいでしょう。
●採点するとき、『小数のひき算』の学習になっています。
●作業をより正確にするために、ロートやスポイトを用意しておきましょう。

2.8リットル
入れるんだ。
ヒミツね
私は1.8
リットルにする！
1cm
10cm
10cm
10cm
10cm
10cm
0.1ℓマス
1ℓマス

みんな、
予想はできましたか。
いよいよ発表
でーす
自信
あるんだ
こぼれる
こぼれる！

小数かさ当てゲーム・得点表

解答者＼出題者	①	②	③	④	合計点
①		点	点	点	
②	点		点	点	
③	点	点		点	
④	点	点	点		

小数かさ当てゲーム・予想表

①		リットル
②		リットル
③		リットル
④		リットル

- ピッタリ賞　10点
- 0.1リットルちがい　8点
- 0.2リットルちがい　6点
- 0.3リットルちがい　4点
- 0.4リットルちがい　2点
- 0.5リットルちがい～　0点

面積陣取りジャンケン

【用意するもの】工作用紙（10cm四方に切り取ったもの）、２色のマーカー

ねらい

1 cm^2 の広さを学習した後、
「陣取りゲーム」で広さの感覚をやしない、
『面積の加法性』を実感します。

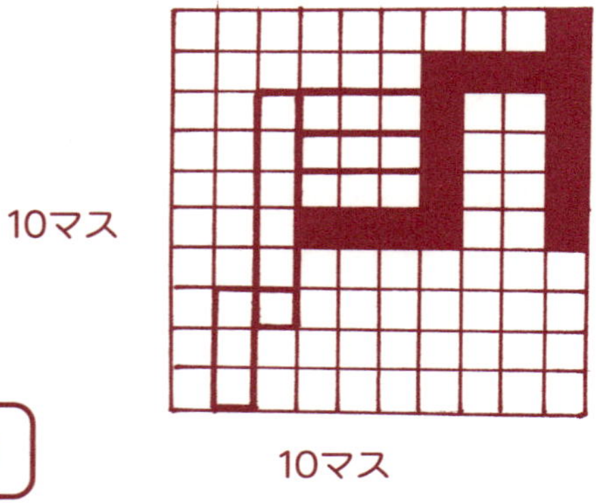

遊び方

①２人で対戦する。
②10cm四方の対角に自軍１マス（１cm^2）を決めます。
③ジャンケンをして勝ったものが地続きで陣地を取ります（グー勝ち１マス［１cm^2］、チョキ勝ち３マス、パー勝ち５マスなど）。
④広い陣地を取った者が勝ち。
⑤対戦相手が陣地を取れなくなったら、終わり（時間を決めて、終了するルールにしてもよいでしょう）。

Point

●勝敗を決めるとき、自然と面積を分割して計算できます。
●ゲームを楽しみながら子どもたちは新しいルールを考え出すので、ルールを画一化する必要はありません。
● ゲーム結果の工作用紙をとっておけば、「面積あてゲーム」にもつかえます。

チョキで
勝ったから
3マス取るよ
また、
ジャンケン、
負けちゃった

ジャンケンポン

面積あて対決

【用意するもの】工作用紙
（10cm四方に切り取ったもの）

ねらい

友だちと出題し合うことによって、自分で面積を求め、『面積の加法性』を実感します。長さに着目して面積を予想します。

画鋲でとめて……
この形の面積は何cm²でしょう?
裏返し

遊び方

①４人グループで面積あてゲームをします。
②各自、工作用紙の表面に、適当な図を書きます。
③各頂点を画鋲で穴を開けます。
④工作用紙を裏返し、穴を線で結びます。
⑤「この形の面積は何cm² でしょう？」と裏面を見せて友だちに出題します。
⑥メンバーは予想を立て、記録します。
⑦出題者は正解をメンバーに説明します。

Point

●①は４cm×10cm＝40cm²　６cm×４cm＝24cm²などと、出題者が友だちに説明して得点表に記入します。

だいたい 4cmと5cmぐらいの 20cm²がへっこんでいるから80cm²にしておくよ
80cm²でいいんだね

面積あて対決・得点表

解答者＼出題者	①	②	③	④	合計点
①		cm² 点	cm² 点	cm² 点	
②	cm² 点		cm² 点	cm² 点	
③	cm² 点	cm² 点		cm² 点	
④	cm² 点	cm² 点	cm² 点		

ぴったり賞　10点
1～2 cm^2ちがい　8点
3～4 cm^2ちがい　6点
5～6 cm^2ちがい　4点
7～8 cm^2ちがい　2点
9 cm^2～ちがい　0点

面積あて対決・得点表

①		cm²
②		cm²
③		cm²
④		cm²

わり算リレー、よーいどん！

【用意するもの】画用紙（なくてもよい）、チョーク

ねらい わり算の計算リズム（たてる・かける・ひく・おろす）をリレーゲームで楽しく学習します。

4)648
がんばって
なんだっけ
4)6
わかった！

遊び方 ①４人チームを基本として、分担してわり算をします（黒板の前に並んで座り、前からA、B、C、Dとします）。

②Aは黒板の前に出て、問題をかき、商をたてます。
③Bは、チョークを受け取り、かけるの計算をします。
④Cは、横線を引いてひき算をします。
⑤Dは、次の位の数字を垂直におろします。
⑥Aに戻って、②～⑤の計算をくり返します。
⑦全部のチームが計算を終えたら、全員で採点します。

Point ●チョークをバトンとして、順番をローテーションしながら、問題を進めます。
●Aが商をたてるとき、二番のBが商をたてる次の位を画用紙などで隠して示してやるといいですね。

4)648
画用紙でカーテンすると商の位置がすぐわかるね

4人のチームプレイがカギだよ！
Ⓐ
Ⓑ
Ⓒ
Ⓓ
たてる
チョークをバトンにしてね
162
4)648
4
24
24
08
8
0
かける
おろす
ひく
かける
すぐ交替！
ひく
おろす
ひく
かける

石取り名人・21

【用意するもの】対戦用紙（なくてもよい）、マグネット21個

ねらい

ゲームを楽しみ、必勝法を探りながら、『倍数』に気づく遊びです。

遊び方

①黒板に21個のマグネットを一列に並べ、ゲームのやり方を教えます。
「交互に石を取りあい、最後の21個目の石を取った者が勝ちとします。取れる石の数は、1回に3個までだよ」
②先生と代表者が対戦して、ゲームのやり方・ルールを確認します。
③対戦者を次々と替えながら、ゲームを楽しみましょう。
④教師も子どもたちにまじってゲームをし、必ず勝ってみせます。すると、子どもたちはだんだん「必勝法があるらしい」と気づきます。

Point

●石の代わりに「対戦用紙」を使う場合（ノートに数字を書いても可）は、鉛筆と赤鉛筆などを使って先手・後手を区別します。「対戦用紙」はゲームの過程が記録として残るため、必勝法を発見する手助けとなります。
●ルールを変えて楽しめます。①「1回に4個まで石が取れる」②「石の数を20個にする」③「21個目を取った者が負け」など。

17をとれば、絶対に勝てるんだけど?
順番ね
先生、やって!
13が決め手の数だよ!
どうして、先生ばっかり勝つの?

石取りゲーム・対戦用紙

名前(　　　　　　)

○取ってよい石の数(　３　)個まで

(1)対戦相手(　　　　　)

1 2 3 4 5 6 7 8 9 10 11 12 13 14 15 16 17 18 19 20 21

(2)対戦相手(　　　　　)

1 2 3 4 5 6 7 8 9 10 11 12 13 14 15 16 17 18 19 20 21

(3)対戦相手(　　　　　)

1 2 3 4 5 6 7 8 9 10 11 12 13 14 15 16 17 18 19 20 21

○取ってよい石の数(　　　)個まで

(1)対戦相手(　　　　　)

1 2 3 4 5 6 7 8 9 10 11 12 13 14 15 16 17 18 19 20 21

(2)対戦相手(　　　　　)

1 2 3 4 5 6 7 8 9 10 11 12 13 14 15 16 17 18 19 20 21

(3)対戦相手(　　　　　)

1 2 3 4 5 6 7 8 9 10 11 12 13 14 15 16 17 18 19 20 21

【必勝法】

(取れる石の数+１)の倍数を考えればよいですね。石の数が21個で取れる石の数が３個までの場合は、先手が１個取ったら必勝です。

真のチャンピオンはだれ？ 器用さ調べ

【用意するもの】大豆、はし、入れ物 、ストップウォッチ

ねらい

「大豆つかみ大会」で『仕事量』を調べ、『単位あたり量』でチャンピオンを決めます。

遊び方

①グループごとに時間（１分間・２分間・３分間ぐらいが適当）を決め、「大豆つかみ大会」をします（競技者、計時係、数え係、記録係をローテーションするといいでしょう）。

②３回以上の平均でグループのチャンピオンを決定します。

③グループのチャンピオンの記録をみて、学級チャンピオンの決め方を話し合います。

Point

●「仕事量比べ」は「大豆数え」だけでなく、「紙数え」「糸巻き」「数字書き」「ワープロ打ち」など、様々に考えられます。

●記録用紙を印刷しておくと作業が進みます。

私が
チャンピオンね

大豆つかみ大会・記録用紙

制限時間（　　　分）　　　　　月　　日

メンバー	1回目	2回目	3回目	4回目	5回目	平均
	こ	こ	こ	こ	こ	こ
	こ	こ	こ	こ	こ	こ
	こ	こ	こ	こ	こ	こ
	こ	こ	こ	こ	こ	こ

学級のチャンピオンは誰だ？

58個
3分
4個
2分
25個
分
私が一番
多いから
チャンピオンだわ
やった時間が
違うよ
1分あたりで
考えればいい
んじゃないの

大豆つかみ大会・計算用紙

グループ	個数	〈時間〉	
①紗季	87		
②隆弘	163		
③紗也香	252		
④彩菜	96		
⑤まなか	245		
⑥佳奈	180		

電卓の大発見

【用意するもの】電卓

ねらい

近頃は学校でも電卓を使っていいことになっています。教科書も電卓で計算するところには電卓のマークなどをつけています。教室で使ったついでに、電卓で遊んでみましょう。ふだん身近にある電卓には、便利なだけではなく、実はとてもおもしろいことがかくされているのです。

電卓の並びって面白いね
そっか電話とは違うんだ

遊び方

①「電卓の数字の並び方」と「電話の数字の並び方」が同じかどうか、確かめましょう。まず、電卓の縦に並んだ３ケタの数でひき算をします。→963－852＝？、852－741＝？、369－258＝？、258－147＝？

②横に並んだ３ケタの数でひき算をします。→789－456＝？、456－123＝？、987－654＝？、654－321＝？

③２ケタの計算をします。→74－47＝？、41－14＝？、85－58＝？、52－25＝？、96－69＝？、63－36＝？

Point ●「電卓にはおもしろいことがまだたくさんかくされていること」を子どもたちに伝え、発見を引き出してあげましょう。

①7からスタート、右回り（789＋963＋321＋147＝？）
→1つずらして（896＋632＋214＋478＝？）→
1つとばして（793＋317＋793＋317＝？）
②左回り（741＋123＋369＋987＝？）→1つずらして
→1つとばして
③今度は8の字（789＋951＋123＋357＝？）→逆回り
④横の真ん中を往復（456＋654＋456＋654＝？）
⑤上下だけで（789＋987＋123＋321＝？）
⑥縦の真ん中だけで（852＋258＋852＋258＝？）
⑦左右だけで（147＋741＋369＋963＝？）
⑧最後に、真ん中の5だけで（555＋555＋555＋555＝？）

図書室で計算しよう！

【用意するもの】本（一人１～２冊）、計算用紙（ノートやメモ帳）

ねらい

本の裏側に書かれているISBNコードには、ある秘密がかくれています。それを使って『かけ算九九』の練習をします。

遊び方

①ISBNコードの10ケタ（最後がXの場合もあります）の数字に、左から順に１、２、３……と番号をつけます。
②番号と数字をかけます（Xは10）。かけ算した10個の答えを足します。その答えの一の位と百の位を足します。そこから十の位を引きます（十の位の方が大きいときは、十の位から一の位と百の位の和を引きます）。
③すると、どの本も、０か11になります。

Point ●一番最後の数字は『チェック番号』で、その前の数字がまちがっていないかどうかを調べるための番号です。積の和が11の倍数になっていれば正しく書かれているということです。なお、11の倍数は、一百万の位の数の和と十千の位の数の和の差も11の倍数になります。この遊びはその性質も利用しています。

ノートに書いて
計算してみよう
ノート

ISBN4870511282

ISBN	4	8	7	0	5	1	1	2	8	2
	×	×	×	×	×	×	×	×	×	×
左から番号をつけて →	1	2	3	4	5	6	7	8	9	10
かけ算の答えを３段目に →	4	16	21	0	25	6	7	16	72	20

３段目の数を合計

187

合計はいくつになったかな

↓

その数の一の位と百の位の数を足してそこから十の位を引くと……

$(1+7)-8=0$

私のは11
ボクのも0だ!

カレンダー手品

【用意するもの】 計算用紙（ノートやメモ帳）

ねらい

身近なカレンダーを使った数当てです。カレンダーはどこの教室にもあるので手軽にできます。それでいて結構、子どもたちを驚かせることができます。

遊び方

①あらかじめ、５つの水曜日の数をたしておきます（第１週に水曜日がないときは、１日の前の日を－１日、その前の日を－２日のようにうめておきます。第５週に水曜日がないときは、32日、33日のようにうめて計算します）。

②子どもたちに、各週から１つずつ、好きな数を選ばせ、その５つの和を計算しておいてもらいます。

③次に、選んだ数の曜日だけを教えてもらいます。
（日）－３、（月）－２、（火）－３、（水）０、（木）＋１、（金）＋２、（土）＋３として、水曜日の合計に加えていくと、子どもたちの選んだ数の合計と一致します。

Point ●月曜日始まりのカレンダーの場合は、（日）＋４になるので注意。

第1週から1つ、
2週から1つ、というように
各週から好きな数字を1つずつ
選んで、それをたしてください。
先生がその数をぴたりと
当てます

＋2、−3、
＋2、0、−2
……−1だ
79ですね

選んだ数には、
何曜日がいくつ
あるか、教えて
ください

2月

日	月	火	水	木	金	土
		1	2	3	④	5
⑥	7	8	9	10	11	12
13	14	15	16	17	⑱	19
20	21	22	㉓	24	25	26
27	㉘	(29)	(30)			

計80

じゃあ
4と6と……
合計は79
金曜日が2
回、日・月・
水が1回ずつ
……え？！

あらかじめ、
たしておきます

封筒の平行四辺形

【用意するもの】薄手の封筒、色画用紙

ねらい 平行四辺形の面積について、封筒と光を利用して考えます。

どうして
この２つの面積が
同じになる
んだろ？
ほら
こうしてひっぱると、
長方形の影が見える
でしょ……

遊び方

①封筒の幅に色画用紙を切り、差し込みます。
②封筒に斜めの線を引き、切り取ります。
③封筒に入れた画用紙を少し引き出し、光にかざします。
④色画用紙の平行四辺形と封筒の陰の部分にできた長方形をみて、平行四辺形の面積を考えます。
⑤自由に相談させて、子どもたちどおしで説明し合います。

Point ●平行四辺形の面積＝（底辺）×（高さ）を学習した後に、（高さ）の意味をより明確にするために、「遊び」として紹介する程度に短時間であつかいます。
●発展として、曲線の図形の面積にも触れることができます。

1 封筒に色画用紙を入れる。

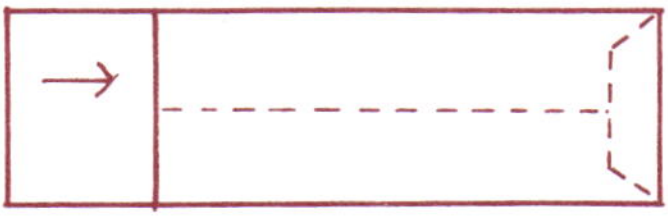

2 斜めに切り取る。

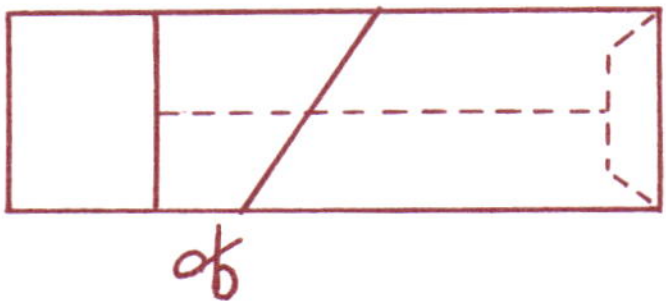

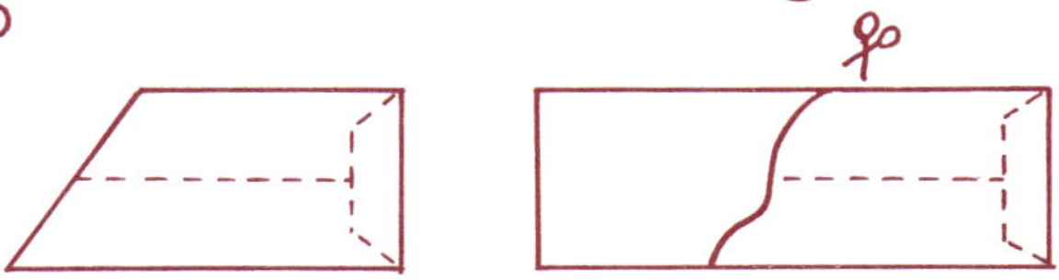

3

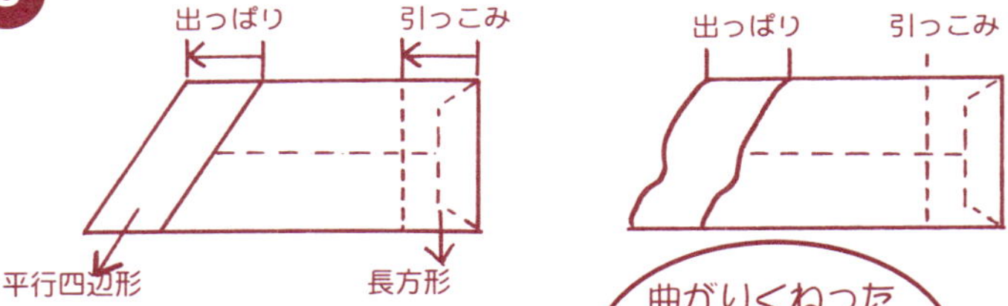
出っぱり
引っこみ
平行四辺形
長方形
出っぱり
引っこみ

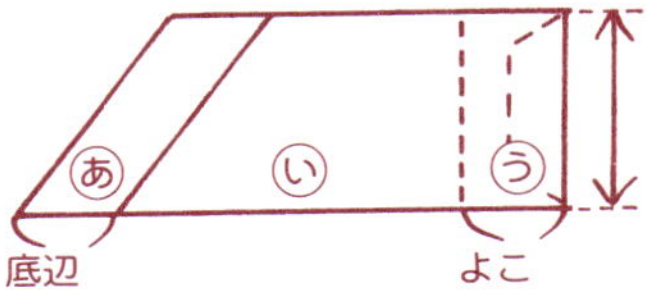
(あ)
(い)
(う)
底辺
よこ

(あ)＋(い)＝封筒

(い)＋(あ)＝封筒

(あ)＋(い)＝(い)＋(う)

∴　(あ)＝(う)

曲がりくねった
線で切っても
長方形に
なるんだ！
高さは
封筒の幅
なんだ！

ひっくり返って長方形

【用意するもの】段ボール、カッターナイフ、千枚通し、輪ゴム

ねらい

図形の面積は様々な方法で求められるので、楽しい教材です。実際に作業をして長方形に変形できる理由を探り、長方形に変形すれば面積が求められることを印象づけます。

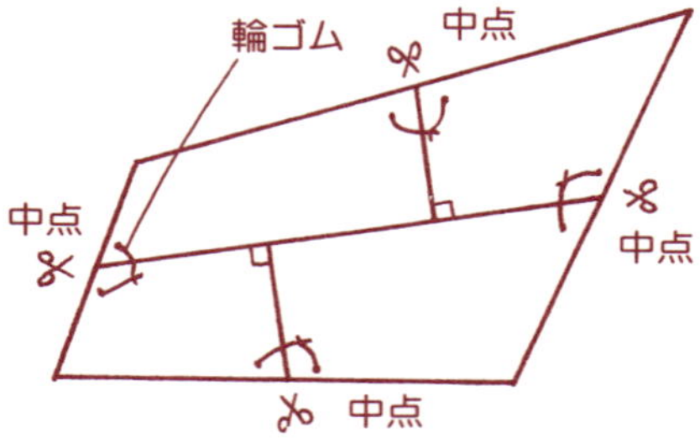

①任意の四角形をかく。
②各辺の中点をとる。
③向かい合う中点を１つだけ結ぶ。
④他の中点より、中点を結んだ直線へ垂線を引く。
⑤図のように中点の近くに穴を開ける。
⑥中点を結んだ線とその垂線を切り離す（もとの四角形がわからなくならないように）。
⑦穴に輪ゴムを通して結ぶ。
⑧四角形の中央部をひっくり返して長方形にする。

遊び方

①算数工作を楽しみ、長方形に変形できる理由を考えます。
②理由を考えるために、各辺に記号を付けます（裏側にも）。
③友だちと相談し、長方形になるわけを説明できるようにします。

Point

●カッターの使い方に十分注意しましょう（千枚通しは担任が作業しましょう）。
●正確に作図することによって、図形の三要素（辺・角・頂点）の意味理解も深まります。
●記号を付けることで考えやすくなることに気づきます。
●作業が苦手な子もいるので、グループで協力することをうながして。

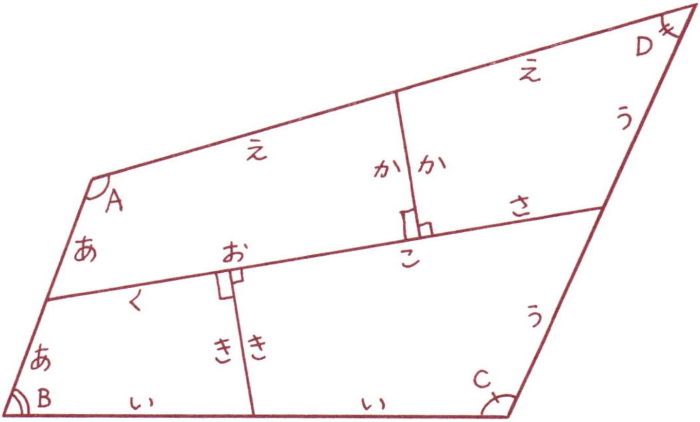
D
え
う
え
か か
A
さ
あ
お
こ
く
う
あ
き き
B
C
い
い

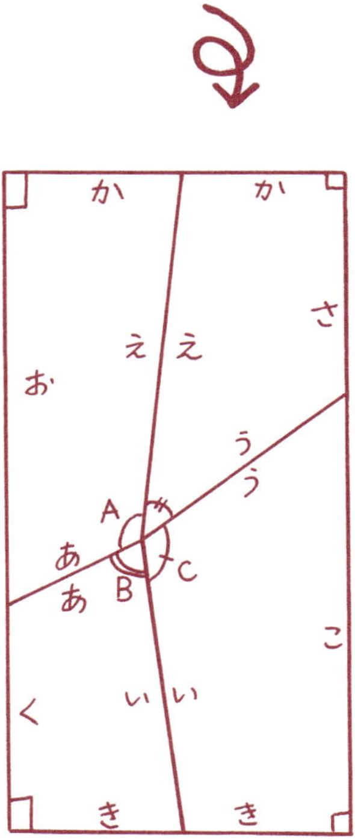
か か
さ
え え
お
う
う
A
あ
C
あ B
こ
い い
く
き き

裏側にも
同じ記号を
つけるんだよ

四角形の
頂点が１つの点に
集まるんだ！

スピード王を決めろ

【用意するもの】物語の本、カセットレコーダー、ストップウォッチ

ねらい

『単位あたり量』の後半、速度の学習の中であつかいます。この単元では速さの公式を覚えるよりも、速さや濃さなどを量として見直すことが大切です。長さや重さと違い『単位あたり量』は歴史的に新しい量ですが、感覚でとらえやすい量でもあります。いろいろなところに存在する速さを見つけ、感じ、数値化していきます。

遊び方

①４人の子を指名します。できれば、早口の子やのんびり読む子など、いろいろな子がいた方がいいです。

②４人にそれぞれ、15秒間、30秒間、45秒間、60秒間、本を読んでもらいます。別の係の子にストップウォッチで時間を計ってもらい、「スタート、ストップ」を言ってもらいます。

③決められた時間内に読んだ文章の文字数を数えます。その文字数を時間で割って、１秒間あたりの文字数（○○文字／秒）を求めれば、朗読のスピードが数字で表されます。テープに録音しておいて、数値化したあとに改めて聞いてみるのもなかなかおもしろいです。

Point

●スピードを変えられるカセットレコーダーを使い早くしたり遅くしたりすると、音程も変わって楽しい授業になります。

●スピード調べは、他に、電卓の「１」「＋」「＋」のキーを押しておき、その後、「＝」キーを素早く押し続ける競争をさせ、１秒あたりの速さを求めさせる授業もたいへん盛り上がります。

次は30秒
スタート
クラムボンは
笑ったよ……
私たちの
第三小学校
では……
そのとき
ハリーの杖が
輝き……
じゅげむ
じゅげむごこう
のすりきれ……
1秒間
あたりの
文字数は？
6.1文字/秒
8.4文字/秒
9.3文字/秒
12.4文字/秒

山本さん
すごい早口！
大ちゃん
ひらがな
ばっかり！

四次元の紙テープ

ねらい

【用意するもの】ハサミ、紙テープ、セロテープ

４月、最初の算数の時間に遊べば、「今年の算数はおもしろそう」と思ってくれます。４年生・５年生の『円の学習』のときに使うと、円に興味を持ってくれることでしょう。

遊び方

①紙テープを20cmほどに切って輪にして、セロテープでとめます。テープの真ん中をハサミでどんどん切っていきます。輪が２つになることを確かめます。

②次は、紙テープを20cmほどに切って、半ひねりしてから輪にしてセロテープでとめます。同じようにテープの真ん中をハサミで切るとどうなるか、必ず予想してから切ってみましょう（以下同じ）。

③１回転ひねってから輪にしてとめ、真ん中を切ってみます。

④２つの輪を直交するようにセロテープでつなぎます。重なっているところもかまわずに、切っていきます。切ったものを、ねじれをほどきながら机の上にそっと広げます。

⑤さらに……

・２つの輪を、直交ではなく45°くらいにつなげて。

・大小２つの輪をつないで。

・最後は、３つの輪をつないで３段にして。

Point ●子どもたちの中には、「４段でやってみたい」「２回ねじってみたい」などと言ってくる子がいます。どんどんやらせてあげましょう。

2つに
切れちゃうよ
テープの
真ん中を切ったら
どうなる？
じゃあ
半ひねりして
みて

1 半ひねりした輪 → 大きな輪に

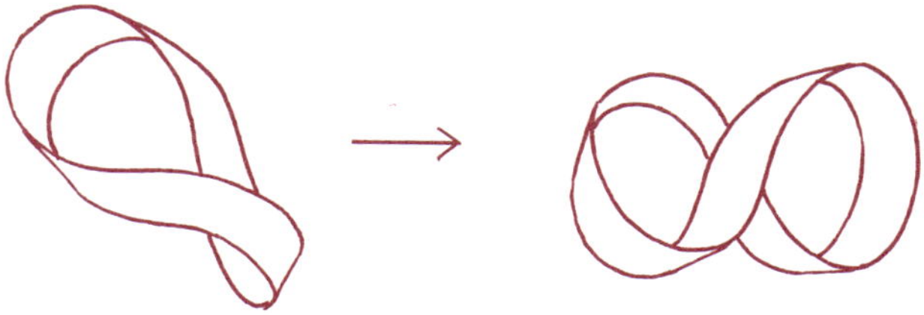

2 １回転ひねった輪は → つながった２つの輪に

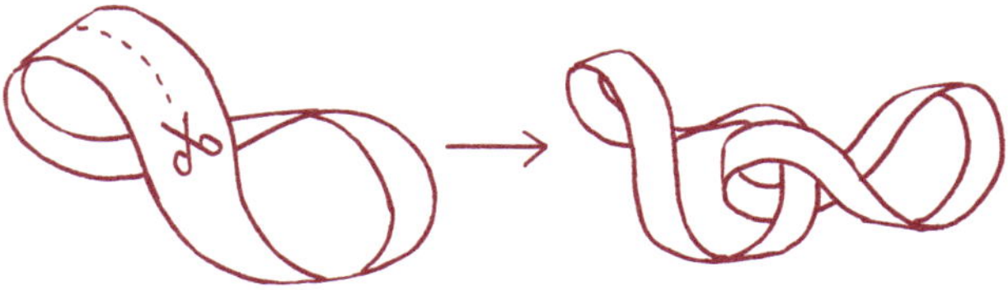

3 輪を直交させると → 正方形に

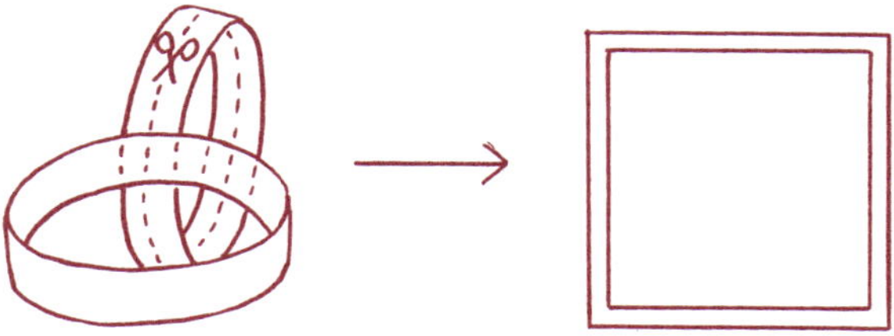

その他

・45° にすると → ひし形に
・大小の輪をつなぐと → 長方形に
・３段にすると → ２つの長方形に

コマ名人の修行

【用意するもの】いろいろな三角形に切った板目紙、ようじ、画びょう　※数が足りなければ順番に遊べばいいでしょう

ねらい

三角形に芯をさして回すとき、いろいろな場所にさしてみても、なかなかきれいに回りません。でもたった１カ所、よく回る場所があります。それは『重心』。重心という点があることに気づくだけで、小学生には十分でしょう。

さあ、どこに
芯を刺せばうまく
回るかな？
なかなか
回らないよ

遊び方

①芯を刺してみたいところに鉛筆で印をつけ、画びょうで少し穴をあけてからようじを刺します。回してみると、きれいに回るコマはほとんどありません。

②「探し方」にしたがって重心を見つけ、そこに芯を刺して回します。

Point

●四角形、五角形など、どんな形でも重心に芯を刺せば回ります。いろいろ試してみましょう。

❶ 三角形の重心の探し方

①辺の真ん中と向かい合う頂点を直線で結ぶ。

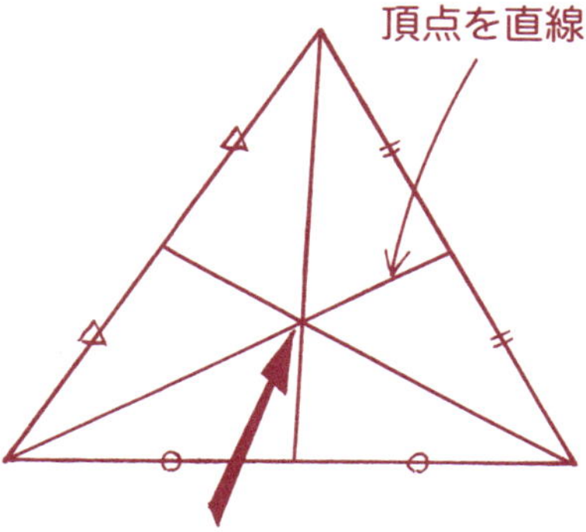

今度は
きれいに回った！

②３本の直線が交わったところに芯を刺して回してみよう。

❷ 四角形の重心の探し方

①対角線で２つの三角形に分け、それぞれの重心を見つける。

②重心を直線で結ぶ。

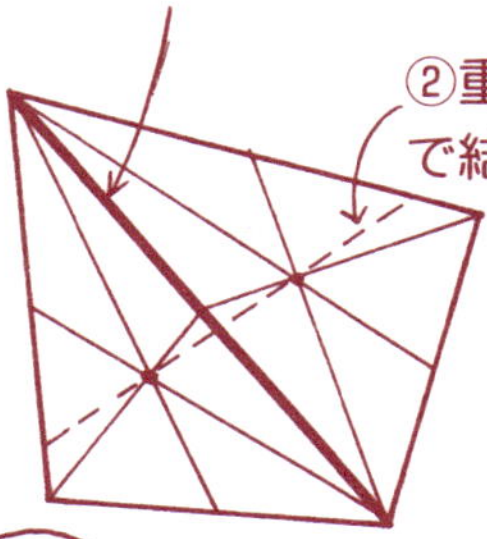

③もう１本の対角線をひいて、同じように２つの重心を結ぶ。

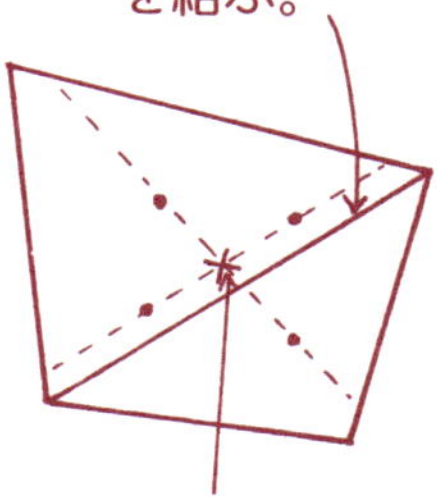

四角形
なんて回せるの？

五角形でも
できるんだよ

④結んだ２つの直線の交点に芯を刺し、回してみよう。

正方形のひき算

ねらい

【用意するもの】メモ用紙、ペン

ひき算をつづけると意外と早く0になってしまう不思議な正方形で、楽しみながら計算練習ができます。

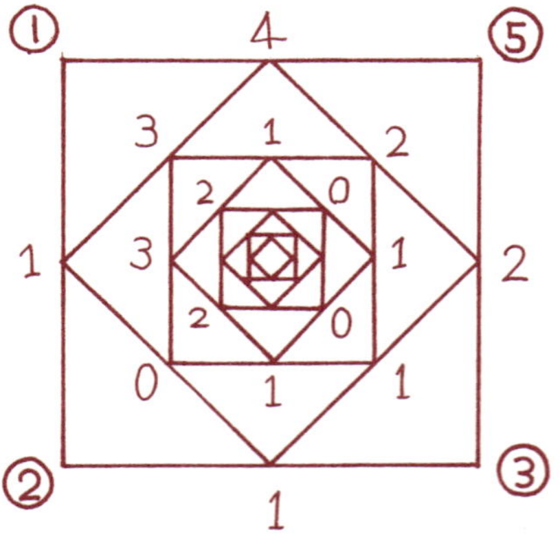

遊び方

①正方形の各頂点に任意の数を書きます。
②隣り合う頂点の数をひき算し、辺の中点に差を記入します（大きい数−小さい数）。
③辺の中点を結び、正方形にします。
④全ての数が0になるまで②、③の操作をくり返します。
⑤正方形が9つ以上できる、最初の数を探します。

Point

●操作は簡単ですが、多くの正方形が書ける数を見つけることは意外と困難です。試みようとする気持ちを大きく評価しましょう。
●正方形が10以上になる数を見つけようと、すぐに次の課題が考えられます。

先生、
本当にそんな
数あるの？
ねばりが
かんじん！　先生
なんか何日も考えて
いるんだから

正方形を
かくのが大変だったら、
番号を付けて横に
書いてもいいよ

①1235
② 1124
③ 0123
④ 1113
⑤ 0022
⑥ 0202
⑦ 2222
⑧ 0000

残念だな！
８つは書けた
のに

指算九九　その１

【用意するもの】指

ねらい

『５以上の数のかけ算九九』がどうして指でできるのかを、タイル図で解き明かします。かけ算・わり算の計算はタイル図を描けば説明しやすいことが、あらためて納得できます。

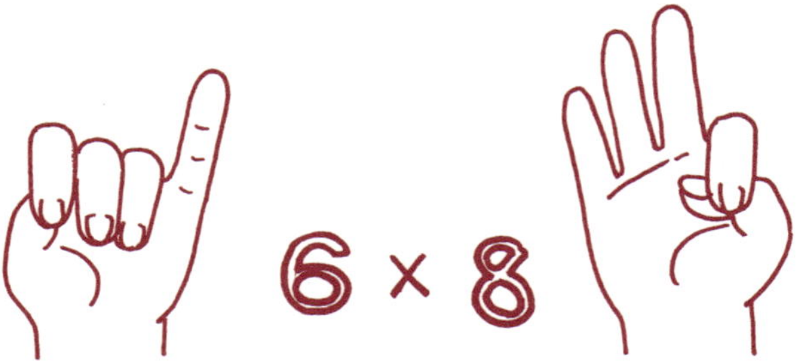

○指でかけ算ができるんです

左手の小指を１本立てて＜６＞、右手の小指と薬指と中指の３本立てて＜８＞を示します。
→立てた指を十の位として、１本＋３本＝４本で＜40＞。左手の折りたたんでいる指（４本）と、右手の折りたたんでいる指（２本）をかけ算して８本。合わせて＜48＞。

遊び方

①６×８などの例題で計算方法を教えます。
②隣同士で問題を出し合い、計算方法が正しいか確かめあいます。
③「どうしてかな？」のつぶやきを拾い、タイル図で計算方法を理解します。

Point

●タイル図は小数や分数の計算に特に有効なので、定規を使って正確に描くようにします。
●タイル図の１と２を対応させて考えることで、「指算九九」がどうして成立するのか、子どもの言葉で説明できるようにしましょう。

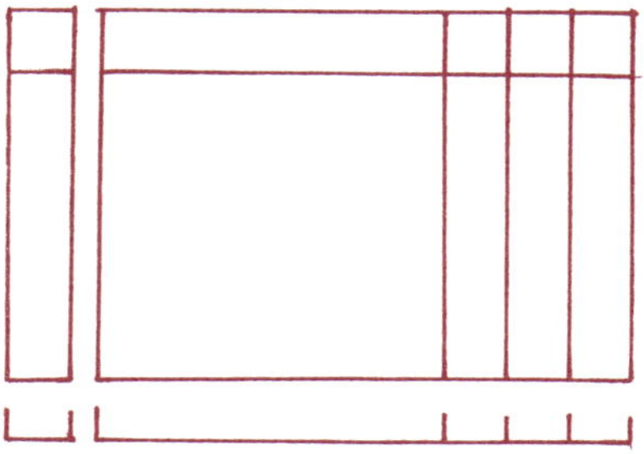

6×8の
タイル図はかんたんに
かけるけど？

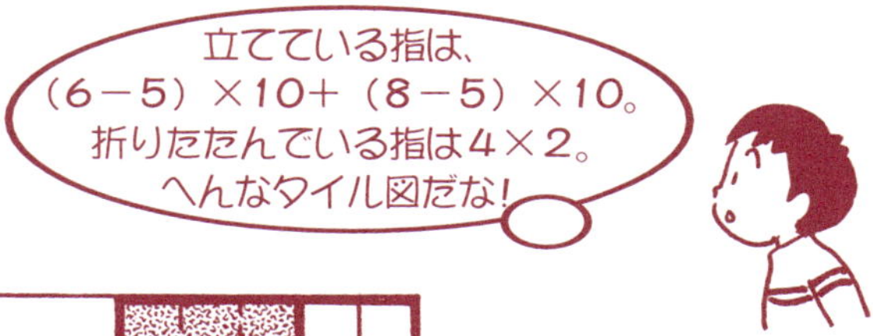
立てている指は、
（6－5）×10＋（8－5）×10。
折りたたんでいる指は4×2。
へんなタイル図だな！

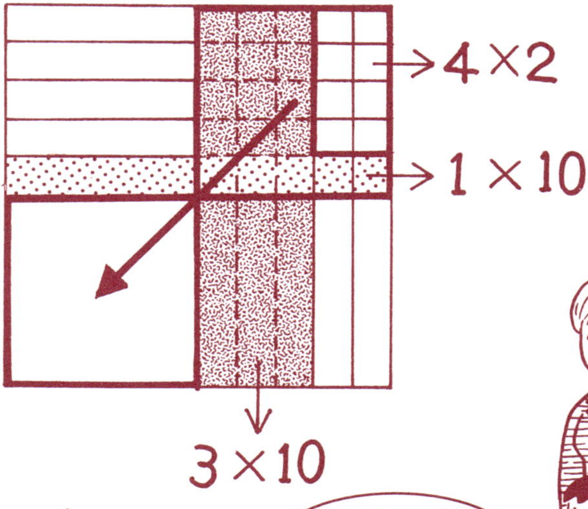
4×2
1×10
3×10

右上の5×5の
部分を左下に移動
すればいいんだ！

好きな数になっちゃった？

【用意するもの】計算用紙（ノートやメモ帳）

ねらい

自分で選んだ好きな数が、自然に選んだ３つの数の和と一致してしまうという遊び。不思議さを味わってもらいます。

	エ	オ	カ
ア	A	B	C
イ	D	E	F
ウ	G	H	I

遊び方

①班ごとに相談して、好きな２ケタの数を決めてもらいます。

②その数を聞いた後、あらかじめ用意してあった右の表（子どもたちには見せない）のアイウエオカのところに、ア～カの和が班で決めた数になるように、６つの数字を分けて書き入れます（同じ数を使ってもかまいません）。

③そして、アとエの和をAに、アとオの和をBに、アとカの和をCに、イとエの和をDというように、AからIまでをうめて素早く表を完成させます。子どもたちには、ア～カを除いた、A～Iだけの表を示します。

④次のことを班の子全員にやってもらいます。まず、一番上の列（ABC）から気に入った数を選んで○をつけ、他の２つに×をつけてもらいます。○の下の２つの数にも×をつけてもらいます。次に、DEFのうち、×のついていない２つの数のうちの１つを選んで○で囲んでもらいます。もう１つの数と○の下の数には×をつけます。最後に、３列目に残っている数に○をつけ、○のついた３つの数をたすと、最初の好きな２ケタの数になります。

⑤１つの班が終わったら、次の班の子にやってもらいます。

Point

●縦４横４や縦５横５にしてもできます。表をできるだけ早くつくった方がよいです。

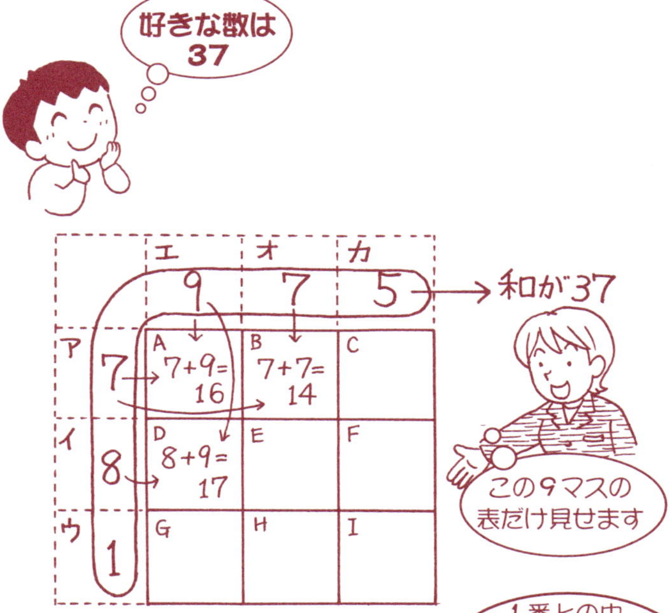

好きな数は
37
エ
オ
カ
9
7
5
和が37
ア
7
イ
8
ウ
1
A
7+9=
16
B
7+7=
14
C
D
8+9=
17
E
F
G
H
I
この9マスの
表だけ見せます

1番上の中
から気に入った数に
○を、他には×を
つけて
えーと…
A
16
B
14
C
12
D
17
E
15
F
13
G
10
H
8
I
6
○した数の
下の数にも×を
つけて
×のついて
いないうちから
1つ選んで
○をして
残った数に
○をつけて、○の
ついた3つの数を
たしてみて
16＋13＋8＝
……
37になった！

積の魔方陣

【用意するもの】計算用紙（ノートやメモ帳）

ねらい

簡単そうに見える問題でも、いざ問題づくりとなるとなかなか難しいもの。どれだけねばり強く考えられるか、試してみましょう。考えることを楽しむ問題です。

18	㋑	㋓
㋐	6	36
12	㋒	2

たて・よこ・ななめのどの３つの数をかけても、積が同じようになります。アイウエにあてはまる数を求めましょう。

じゃあ、
先生に同じような
問題をつくって！
こんなの
かんたんだよ！
いいの？！
難しいの、つくっ
ちゃうよ

遊び方

①アイウエにあてはまる数をもとめます。
②他の数をつかって、先生や友だちに出す問題づくりをします。
③問題づくりにいきづまったら、同じ数があってもよいことにします。

Point ●家族全員で考えるよい機会となりますが、「宿題」にはしないように。もともと小学生の課題ではなく、考えることを楽しむ遊びです。
●問題づくりにいきづまったら電卓を使っていいことにして、もう一度問題づくりにチャレンジ！

じゃあ、
同じ数を使っても
いいことに
しよう
解くのは
かんたん
なのに
あわないなー

【4マス魔方陣の解】

$a^0 b^0$	$a^1 b^1$	$a^2 b^2$	$a^3 b^3$
$a^3 b^2$	$a^2 b^3$	$a^1 b^0$	$a^0 b^1$
$a^1 b^3$	$a^0 b^2$	$a^3 b^1$	$a^2 b^0$
$a^2 b^1$	$a^3 b^0$	$a^0 b^3$	$a^1 b^2$

たて・よこ・
ななめの合計が
a^6 b^6になるんだよね

指算九九　その2

ねらい

【用意するもの】指

1年生のころに、きっと「計算のときは指を使ってはいけません」と言われたことがある子もいることでしょう。でも、指を上手に使ってかけ算の答えを求めることもできるのです。不思議さとおもしろさを楽しみましょう。

九の段を忘れてしまったときは、こうすればいいんだ
指を使って黒板にかいた問題をやってみよう
9 × 4=
9 × 27=
指を使ってもいいの?

遊び方

①両手を広げて手のひらを手前にします。
②右図のように指を折って計算します。

Point ●「9×2ケタ……十の位が一の位より大きい場合」百の位と一の位の決め方は同じです。十の位は、広げたところと折った指の間に立っている指の数を9からひきます。その答えが十の位になります。十の位と一の位の数が同じ場合は、必ず十の位が9になります。

❶ 9×1ケタの場合

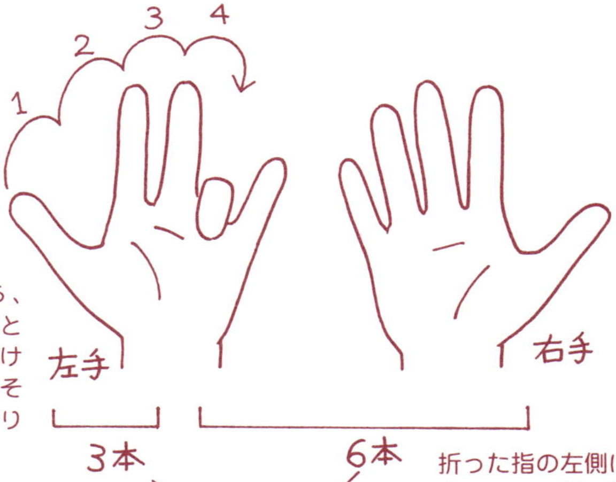

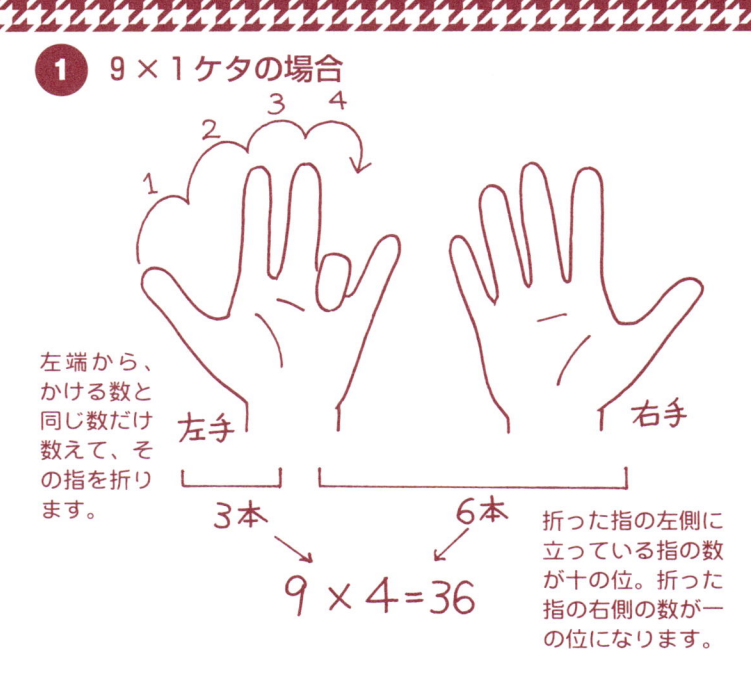

左端から、かける数と同じ数だけ数えて、その指を折ります。

$$9 \times 4 = 36$$

折った指の左側に立っている指の数が十の位。折った指の右側の数が一の位になります。

❷ 9×2ケタ……十の位が一の位より小さい場合

次に左端から、一の位の数と同じ数だけ数えて、その指を折ります。

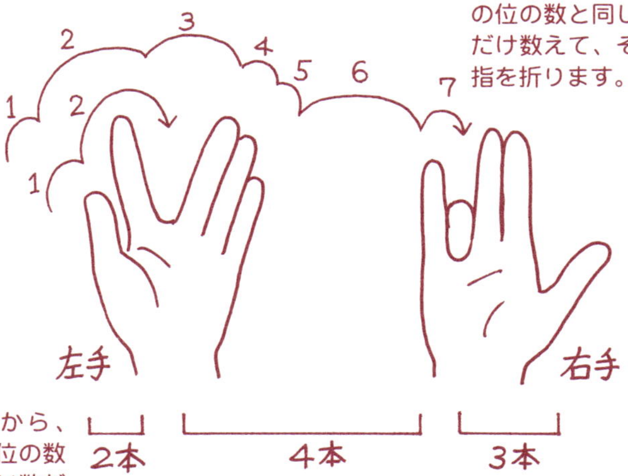

左端から、十の位の数と同じ数だけ数えて、その次の指との間を広げます。

$$9 \times 27 = 243$$

広げたところの左側が百の位、広げたところと折った指の間が十の位、折った指の右側が一の位になります。

シャボン玉と円

【用意するもの】針金、洗剤、木綿糸、まち針、ストロー、洗面器、ローソク

ねらい
周囲の長さと面積の関係は「円が最大」であることを、実験で解き明かします。

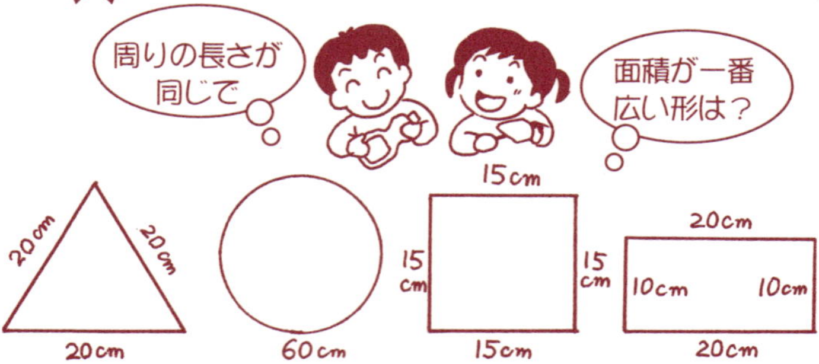

遊び方

①針金で10cm×10cmぐらいの枠をつくります（盆栽用の直径2mmぐらいのアルミ針金が操作しやすいでしょう）。
②食器洗い用の洗剤で洗面器にシャボン玉液をつくります。
③針金の枠にシャボン玉の膜をはります。
④シャボン玉の膜に、輪に結んだ木綿糸をのせます。
⑤輪にした糸の中を、熱したまち針で突っつき、膜をこわします。

Point
●円の面積を求める学習の後に、教師実験として簡単に紹介する程度に扱います（保護者会などで紹介し、家庭で試してもらうことを薦めます）。
●枠は洗濯屋さんの針金ハンガーで代用できます。
●「どうしてかな？」の疑問より、円になる驚きを優先したいですね。

実験だよ!

①10cm×10cmぐらいの枠

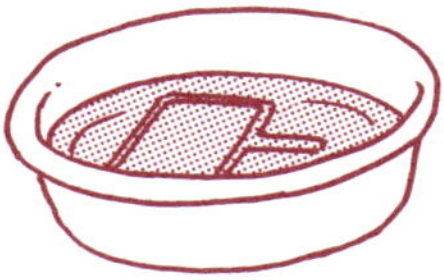

②洗面器にシャボン玉液

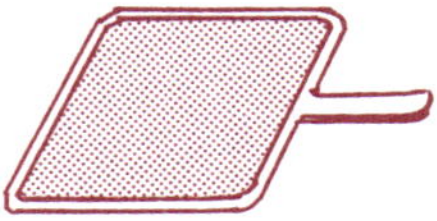

③枠にシャボン玉の膜をはる

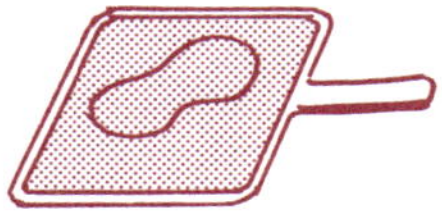

④シャボン玉の膜に、
木綿糸をのせる

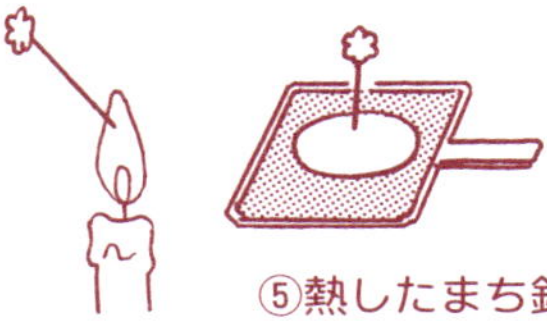

⑤熱したまち針で膜をこわす

円に
なった!

どうしてかな?

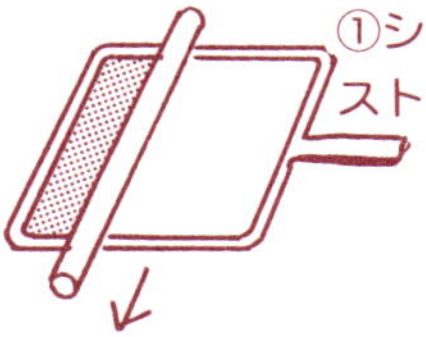

①シャボン玉液をつけて、
ストローを引く

②シャボン玉のまくを
つくる

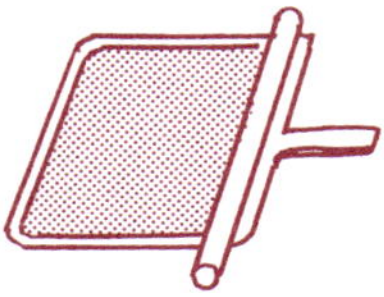

③ストローから
手をはなす

④もとのところ
に戻る

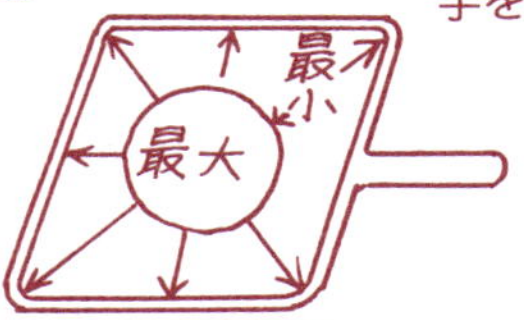
最小
最大

⑤

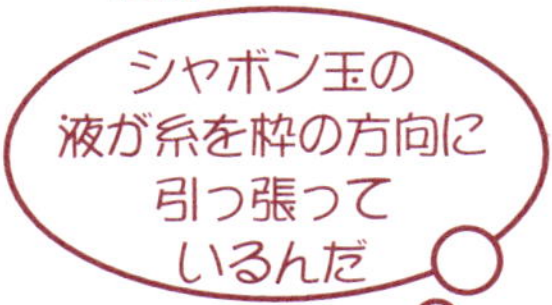
シャボン玉の
液が糸を枠の方向に
引っ張って
いるんだ

液はいつもできる
だけ小さくなろうとして
いるから、液がなくなった
糸の中が最大と
なるんだね

編著者紹介

●

岩村《いわむら》繁夫《しげお》

1951年　東京生まれ

現在

東京都公立小学校教諭　数学教育協議会会員

著書

『いきいき算数４年の授業』（ひまわり社）

『比例の発見』（太郎次郎社）

『らくらく算数ワーク・１年～４年』　（共著、草土文化）

『どうしたら算数ができるようになるか』（共著、日本評論社）

『算数の「基礎・基本」の学び方』（共著、明治図書）

『わかる教え方・算数５年』（共著、国土社）

篠田《しのだ》幹男《みきお》

1949年　東京生まれ

現在

東京都公立小学校教諭　数学教育協議会会員

著書

『図形の探検』（太郎次郎社）

『らくらく算数ワーク・１年～４年』　（共著、草土文化）

『算数あそびベスト50』（低学年・中学年・高学年３冊）（共著、民衆社）

イラスト●今井 亜美・上田 泰子

編集● 長谷川 哲也

ブックデザイン●渡辺美知子デザイン室

5分の準備でクイック 算数遊び＆パズル

2005年3月12日　第1刷発行

編著者●岩村繁夫・篠田幹男©
発行人●新沼光太郎
発行所●株式会社いかだ社
〒102-0072 東京都千代田区飯田橋2-4-10 加島ビル
TEL 03-3234-5365　FAX 03-3234-5308
振替・00130-2-572993
印刷・製本　株式会社ミツワ

乱丁・落丁の場合はお取り換えいたします。
ISBN4-87051-160-6